Georg Schärmer
Herzschrittmacher

W0071523

GEORG SCHÄRMER

HERZ
SCHRITT
MACHER

WEGE
DER BARMHERZIGKEIT

Tyrolia-Verlag · Innsbruck-Wien

Mitglied der Verlagsgruppe „engagement"

2016
© Verlagsanstalt Tyrolia, Innsbruck
Umschlaggestaltung: stadthaus 38, Innsbruck
Layout und digitale Gestaltung: Tyrolia-Verlag
Druck und Bindung: FINIDR, Tschechien
ISBN 978-3-7022-3515-4 (*gedrucktes Buch*)
ISBN 978-3-7022-3516-1 (*E-Book*)
E-Mail: buchverlag@tyrolia.at
Internet: www.tyrolia-verlag.at

INHALT

BARMHERZIGKEIT AM LEBENSENDE

HERZSCHRITTMACHERINNEN UND HERZSCHRITTMACHER

DIE NEUEN WERKE DER BARMHERZIGKEIT VON BISCHOF WANKE

BETHLEHEM UND BARMHERZIGKEIT

GEDANKEN ZUM SCHLUSS

VORWORT

Was berührt uns noch und findet Zugang in unsere Herzkammer?

Und wie viel in uns ist angesichts des Zuviel an Gewalt und Elend bereits am Erfrierungstod des Mitgefühls zugrunde gegangen? Wie viele Schicksale, Anfragen an unsere Sympathie und Solidarität machen wir uns zu eigen?

Barmherzigkeit – Misericordia. Ein Herz haben. Für Menschen, denen es miserabel geht. Seit Jahrtausenden gilt: Hungrige speisen, Durstige tränken, Fremde beherbergen, Nackte kleiden, Kranke pflegen, Gefangene besuchen, Tote begraben sind tragende Säulen einer humanen Gesellschaft und Garanten für den sozialen Frieden. Jesus greift diese Erkenntnis auf und macht sie zu einem zentralen Inhalt seines Testamentes und zeitlosen Auftrages.

Die Geschichte der Barmherzigkeit zieht sich wie ein roter Faden durch die Heilsgeschichte der Kirche. Unzählige Zeugen dieses Kernstückes des Christentums haben die Sozialgeschichte dieser Welt mitgeschrieben.

Noch nie in der Menschheitsgeschichte gab es so viele Hilfsbedürftige wie heute. Die Werke der Barmherzigkeit müssen eine kraftvolle Probe bestehen. Wegschauen und Vorübergehen gilt nicht mehr. „Les

Miserables", die Elenden werden zuhauf sichtbar, setzen ihren heimatlosen Fuß über unsere Türschwelle. Ganz zu schweigen von den vielen Überforderten, Vergessenen, Abgeschobenen, Verschuldeten, Perspektivenlosen, Gekränkten, die sich hinter den Fassaden der Wohlstandsgesellschaft versteckt haben.

Ich habe ausschnitthaft eine Spurensuche nach den Werken der Barmherzigkeit versucht. Wollte aber nicht bei Problembeschreibungen und Mahnung stehen bleiben, sondern herz-berührende und Mut machende Geschichten der Achtsamkeit und Zuwendung, der Großzügigkeit und Gemeinschaft erzählen.

Insofern auch eine kleine Infusion wider den Pessimismus. Vielleicht auch ein Gute-Nacht- bzw. Guten-Morgen-Buch für all jene, die unerschütterlich an das Gute glauben, beziehungsweise eine Kontaktlinse für Herz-Augen, die das Wesentliche sehen und sehen wollen. Unter Umständen auch ein Anstoß, dem Herzen Beine zu machen.

Georg Schärmer

MISERICORDIA –
EIN PAPST ZEIGT HERZ

Ich gebe zu. Der erste Eindruck war eher enttäuschend. Nach seinem „Buona sera!" wandelte sich meine innere Gestimmtheit. Als er dann noch den Segen der Menschen erbat, war ich berührt. Franziskus, ein demütiger, ein „dien-mutiger" Papst, bescheiden und humorvoll. Einer, der den Blick und das Ohr für das Kleine und Leise nicht verloren und eine Vorliebe für die Armen dieser Welt hat. Darüber freut sich das Caritas-Herz. Nachdem er dann auch noch den Vorsitzenden der Caritas Internationalis zum Koordinator seines engsten Beraterstabes gemacht hatte, war der Weg vorgezeichnet. Es ist der Weg zu den Menschen, insbesondere zu jenen, die von Armut, Katastrophen, Ungerechtigkeit, Krieg und Vertreibung getroffen und betroffen sind. Das ist ein Herz-Jesu-Weg. Der gütige alte Herr kann ganz schön heftig und ungemütlich werden, wenn Ignoranz, Selbstgefälligkeit und Selbstsucht sich diesem Weg entgegenstellen. Er hat keine Scheu, die dunklen Mächte der Rüstungs-, Lebensmittel- und Finanzkonzerne, die mafiosen Hintermänner der Gewinnmaximierung, Ausbeutung und Zerstörung des Lebensraums, anzugreifen.

Neben aller globalen Sicht vergisst er nie den einzelnen Menschen, der sich ihm händestreckend zuwendet und ein Zeichen der Wertschätzung und Aufmerksamkeit ersehnt. Er hält sein „Fenster der Verletzlichkeit" (Zitat Bischof Manfred Scheuer) offen. Er geht seinen Weg, Stolpern und Straucheln sind inbegriffen. Sprach einer seiner Vorgänger von der Notwendigkeit, die Fenster zu öffnen, um Frischluft in die Kirche zu bringen, so geht er einen Schritt weiter: Er reißt die Türen auf. Tore der Barmherzigkeit, der Gerechtigkeit und des Friedens. Der wahre Schatz der Kirche seien die Armen, so zitiert er den heiligen Laurentius. Franziskus wird noch für die eine oder andere Überraschung gut sein. Der Ungehorsam seiner Mitbrüder und die satte und manchmal weinerliche Behäbigkeit mancher Christengemeinden werden ihn nicht ab- und aufhalten. Das Gesicht der Kirche wird sich verändern. Oder sie läuft Gefahr, es zu verlieren. Aus den „Elenden" werden die „Edlen". Die Armen bekommen den ersten Platz. Die Reichen, wenn sie den Frieden wünschen, werden den Platz und die Güter mit ihnen teilen. Im Musical „Les Miserables" gibt es das berührende Lied „Bring him home!" Franziskus bringt die Armen wieder dorthin, wo sie nach Gottes Plan hingehören; nach Hause, ins Herz der Gemeinschaft. Eine Kirche, eine Christengemeinschaft, die dies nicht erkennt und pflegt, ist heillos und von allen guten Geistern verlassen. Für jede und jeden von uns heißt das: Sich ein Herz nehmen und dem Herzen Hände und Füße verleihen. Der, die Nächste ist überall.

„Pax et bonum – Friede und Heil!“ – pflegte Franziskus von Assisi zu sagen. Für alle.

Herz-Spuren Jesu

„METANOEITE!" – „KEHRT UM!"

Aus mit der Süßholzraspelei. Provokation ist angesagt. Gefängnis und Tod die Folge. Für Johannes, den
Eintaucher. Die Schlangenbrut hatte zugebissen. Die
Stunde des Jeshua war gekommen. Sein erstes Wort:
Metanoeite! Denkt um! Kehrt um! Seht ein, dass es
so nicht weitergehen kann, wie ihr denkt, lebt und
handelt und nicht handelt! Kratzt die Kurve! Raus
aus der Sackgasse! Selig, das heißt in Gott verankert,
verkündet er radikale und neue Botschaften: Jeder
Mensch hat eine in Gott begründete Würde. Liebe ist keine Gefühlsduselei, sondern Verpflichtung
zum Handeln. Nationale, kulturelle, religiöse, klas-
sen- und geschlechtsspezifische Ausgrenzung wi-
derspricht dem grenzenlosen, leidenschaftlich men-
schenfreundlichen Gott. Liebe zu Gott ist ohne die
Liebe zum Menschen wertlos. Selig, das heißt in Gott
verankert, sind jene, die sich nicht überheben, sondern Mitleid haben mit den Armen. Selig, das heißt
in Gott verankert, sind jene, die sich einsetzen für
Frieden und Gerechtigkeit, versöhnlich und barmherzig sind. Damit wurden die „besseren Kreise" bald
aufgeschreckt und die Armen und Ausgegrenzten
begeistert und ver-rückt. Ver-rückt vom Rand zur
Mitte. Rein äußerlich ist das Reich Gottes, das er so
naheliegend verkündet hatte, nicht gekommen. Die

Welt lief weiter wie immer schon. Und dennoch: Hungrige wurden gespeist, Durstige getränkt, Nackte bekleidet, Fremde aufgenommen und besucht, Kranke ermutigt und geheilt, Zweifler überrascht, Armen geholfen, eine frohe Botschaft vermittelt. Unzählige Christengemeinschaften und Menschen guten Willens knüpfen seither ein weltweites Netz der *caritas*, der Hingabe und Solidarität. Vor allem führte Jeshuas Weg aus der Sackgasse der Sterblichkeit. Er durchlitt und durchlebte den Ausweg aus dem schwarzen Nichts. Auferstehung. Wer darauf hofft, braucht sein Leben nicht rücksichtslos ausleben. Wer keine Angst vor dem endgültigen Tod hat, wird innerlich frei für das barmherzige Programm Jesu – kann aufstehen, um nah, näher am Nächsten zu sein.

JESUS NIMMT DIE ANGST

„Was ist der wichtigste Satz in deinem Heiligen Buch?" Diese Frage eines afrikanischen Dorfältesten, Anhänger einer Naturreligion, hatte mich in Bedrängnis gebracht. Welchen Edelstein aus der uns testamentarisch übergebenen Schatztruhe froher, herausfordernder Überlieferungen, Aufträge und Botschaften nehme ich? Entschieden habe ich mich für „Fürchte dich nicht!" Wohlwissend, dass es eben nur mein wichtigster Satz ist. „Fürchte dich nicht! Fürchtet euch nicht!" Dieser wohlmeinende Appell steht am Anfang der Heilsgeschichte Jesu. Er nimmt einer verschreckten, in Anbetracht der Verhältnisse todgeweihten jungen Maria die erste Angst. Nimmermüde verkündet Jesus in Wort und Tat die Botschaft, dass wir auserwählte, begabte, geliebte Ebenbilder Gottes sind. Er nimmt die Angst vor dem unbegreiflichen, unsagbaren Gott. Ja, „Abba, Papa" dürften wir ihn sogar nennen. Als großzügig, barmherzig, ständig um uns werbend und sich um uns sorgend, vermittelt er ihn uns. Die manchmal unverständlichen Herausforderungen dieses dennoch unbeschreiblichen Gottes sind durchzogen von Zutrauen und der ständigen Ermutigung, uns nicht zu fürchten. Jesus-Nachfolge ist nichts für Angsthasen. Keine Angst vor den Mitmenschen; und seien sie uns noch so fremd und befremdlich. In ihrem Innersten sind sie uns so nah in all ihren Hoffnungen, Zweifeln, Sehnsüchten, Bedürftigkeiten und Ängsten, Hoffnungen und Freuden.

Wer an einen väterlichen und mütterlichen Gott glaubt, für den wird die Welt geschwisterlich. Am Höhepunkt der Sendung Jesu steht wiederum dieses „Fürchtet euch nicht!" Schon gar nicht vor dem endgültigen Tod. Jesus ist die unendlich liebevolle Hin- und Zugabe Gottes. Unter anderem erlöst er uns durch seinen Tod und seine Auferstehung vom Irrglauben, dass das Leben die „letzte Gelegenheit" ist. Der Bogen Gottes ist weiter gespannt. Wer an das unendliche Leben glauben kann, muss nicht alles haben, hat nicht das ewige Gefühl, zu kurz gekommen zu sein. Wer an den Himmel glauben kann, muss ihn nicht auf Erden erkämpfen und begehren. Das macht frei und dankbar. Aus dieser dankbaren Zufriedenheit mit sich und dem Leben, und sei es noch so unvollkommen, erwächst das Gute. Zufriedene haben immer etwas für andere übrig. Und: Ja, es gibt dieses schmerzhafte Fallen in den Tod; aber dieses Fallen landet in unendlich sanften, versöhnlichen und barmherzigen Händen.

BARMHERZIGKEIT IST KEIN HÖHENFLUG

Es gibt viele Wege zu Gott. Einer führt über die Berge. Dieses bekannte Zitat des verstorbenen Bischofs von Innsbruck, Reinhold Stecher, nahm sicherlich Anleihe bei der dankbar-staunenden Erfahrung der Schöpfung in den Tiroler Bergen. Es könnte aber auch bei einem besonderen Wendepunkt der Auseinandersetzung Jesu mit seinen Jüngern ausgeliehen sein: Jesus führt drei ausgewählte Jünger auf eine Bergtour. Sie haben richtig gelesen. Vorausgegangen war ein lautstarker Streit. Permanente politische Vereinnahmungsversuche, der stete Vorwurf, die spürbare Enttäuschung, dass er ihren Vorstellungen eines Messias nicht entspräche, waren ihm zu viel geworden. Nachdem er seinen ersten Zorn abgelassen hatte, musste er mit ihnen einen anderen, einen Weg der (Ver-)Klärung gehen. In einem lichten Moment erkennen die Männer, dass er in einer Linie mit großen Wegbegleitern (Moses) und Mahnern (Elija) steht und Gottes geliebter Sohn, Sohn des Friedens und der Liebe ist, und dass sie auf ihn hören sollen. Gerne hätten sie Jesus und die illustre Gesellschaft exklusiv für sich allein behalten, das Erfahrende überdacht und ummauert gewusst. Nichts da! Jesus will es anders. Seine Wege führen in die Niederungen des

Alltags, auch in die Abgründe menschlicher Not und Existenz. Die da nicht ohne Lichtblicke sind, in denen sich Himmel und Erde verbinden. Momente der Zuwendung, der liebevollen Pflege und Begleitung, der Freude über würdevoll Überreichtes und Geschaffenes. Lichtblicke, in denen sich neue Wege, Perspektiven auftun. Momente des Teilens und des couragierten Auftretens für Friede und Gerechtigkeit. In diesen Momenten tritt das Göttliche aus der dunklen Wolke der Unsichtbarkeit und Unzugänglichkeit. In den Liebesgeschichten der Heiligen Schrift geht Gott auf uns zu. Auch durch beherzte Frauen und Männer, in denen er durchscheint und die ihrem und seinem Herz Füße und Hände verleihen. Unermüdlich wirbt Gott um uns; als seine Mitarbeitenden und Mitliebenden. Am Ende der Berg-und-Tal-Tour spricht Jesus die Auferstehung an. In ihr vollendet sich die Liebesgeschichte und Barmherzigkeit Gottes mit der Welt. Gott sei Dank!

DER HIMMEL IST IN DIR

Wenn Jesus im Zusammenhang mit dem Himmel-
reich von einem verborgenen Schatz und einer wert-
vollen Perle spricht, so führt er mich auf die Spuren
verborgener Werte unseres Glaubens. Im hierzulande
doch noch üblichen „Grüß Gott" entdecke ich ein
Guckloch in den Schrein verinnerlichter Verbundenheit mit dem Unerklärlichen und Angenommenen.
Dieser Gruß ist ein Echo auf den göttlichen Kern,
der jedem Menschen, jedem Geschöpf eigen ist. Das
verleiht allen unteilbare Würde. „Würde" umschreibt
der Duden mit „ein einem Menschen innewohnender
Wert". Das heißt von außen nicht sichtbar. Das Äu-
ßere mag befremdend, ekelhaft, bedrohlich, unsympathisch oder anziehend, bezaubernd, hinreißend,
begehrenswert sein. Aber es ist und bleibt Äußerlich-
keit und somit unter Umständen oberflächlich, trü-
gerisch, verblendend und vorübergehend. Der Dich-
ter des „Kleinen Prinzen" bringt es poetisch auf den
Punkt: Das Wesentliche ist für die Augen unsichtbar.
Man sieht nur mit dem Herzen gut. Jesus hat Herz-
Augen. Sein Blick geht in die Tiefe. Er erkennt den
Verrat genauso wie die tiefschlummernde Sehnsucht
in jedem Menschen, erkannt, geliebt zu werden und
lieben zu dürfen. Gelingt vertrauensvolle und zutrau-
ende Begegnung, wird „Heil-Land" spürbar. Jesus

war und ist ein begnadeter Schatzsucher. Damals wie heute sammelt er unermüdlich Menschen guten Willens, die bereit sind, die Schatztruhe ihrer Talente zu öffnen und die Perle ihrer Hingabe zu veräußern. Jesus ist radikal. Er geht an die Wurzel der Liebe Gottes. Jesus pflegt *misericordia*. Er hat ein Herz für alle Menschen, vor allem für jene, denen es miserabel geht, aber auch für jene, die manchmal miserabel sind. So weit gehen wir nicht. Dazu müssten wir wohl all unseren Besitz an Vernunft, Bedacht, Vorsicht, Vorurteilen, Rechthaberei hinter uns lassen. Gott sei Dank hat der Himmel unendlich Geduld. Letztendlich stehen wir alle mit leeren Koffern, aber hoffentlich mit erfüllten Herzen an der offenen Tür zur Befreiung.

TUT DIES ZU MEINEM GEDÄCHTNIS!

Wir stehen vor gewaltigen Herausforderungen. Vieles gilt es neu auszuhandeln. Zwischen Jungen und Alten, Arbeitslosen und Beschäftigten, Beheimateten und Entwurzelten, Gesunden und Kranken, Armen und Reichen, Völkern, Nationen und Kulturen. Die Abhängigkeiten sind universeller und globaler geworden, die Solidarität ist entsprechend zu erweitern. Teilen und Verzichten, das heißt Großzügigkeit und Gelassenheit, sind die Leitsterne auf dem Weg in eine gerechtere und friedvollere Welt. Der Grundwasserspiegel der Teilbereitschaft in unserem Land liegt hoch, ist aber dennoch zu wenig. Neue Solidarität ist zu entwickeln, zu fordern und zu fördern. Auf der persönlichen Ebene genauso wie auf der zivilgesellschaftlichen und politischen. Neben der Arbeits- und der Freizeit wird eine verbindliche „Gemeinwohl-Zeit" oder „Zivildienst für alle" für jede und jeden vonnöten sein. Vorbei an den Leuchttürmen nachhaltiger Werte gilt es, das Staatsschiff durch die Turbulenzen der nächsten Jahrzehnte zu steuern. Für diese Aufgabe braucht es Steuern. Mein Dank gilt all jenen, die diese ohne Tricks an das Gemeinwohl abliefern. Die Steuer- und Abgabepflicht entlässt uns aber nicht aus der Verpflichtung zur sozialen Sorge um den Nah- und Fernstehenden. Im Erkennen der Not und im Mitmenschsein für all jene, die nach Beheimatung, Brot, Sympathie, Sinn und Phantasie, d. h. Zukunftsperspektiven, schreien. Vereinsamte, in der Betreuung überforderte Angehörige, haltlose Kinder und Jugendliche, Überschuldete, Flüchtlinge leben nebenan. Manchmal führt uns der Weg über die Grenzen. Brüder und Schwestern in Not leben überall. Der Weg zu ihnen ist eine Gratwanderung. Jesus, auf dessen Ankunft (Advent) in uns wir nach wie vor warten, macht es uns vor: Er wäscht dienmutig die Füße, nimmt das Brot, dankt Gott, teilt es, getränkt mit Herzblut und gibt es weiter. „Tut dies zu meinem Gedächtnis!" Wenn wir uns wandeln, uns einlassen auf die Herausforderung der Teilhabe aller und unsere „Teilgabe", die dafür nötig ist, werden wir uns früher oder später in den Armen dessen finden, dessen Name mit „Ich-bin-der-ich-da-sein-werde" umschrieben wird.

HUMUS – HUMANITÄT

Bisweilen werde ich gefragt, welche Ausbildungen und Studien ich auf meinem Weg absolviert habe. Erstaunen ernte ich dann immer wieder, wenn ich anmerke, dass ich wesentliche Fähigkeiten und Fertigkeiten als Sohn eines Landwirtes entwickeln durfte. Die Arbeit am Hof, am Feld und im Wald hat in mir Grundlagen gefördert, die ich auch heute noch brauche, um mein Tun als verantwortlich und erfüllend zu erleben.

So durfte ich schon früh erkennen, dass nicht alles, was wir ernten, unser Verdienst und nicht alles, was verloren, unser Versagen ist. Neben beherztem und fachkundigem Kümmern und Sorgen um das Anvertraute sind die Grundhaltungen der Dankbarkeit und Geduld bedeutend.

Das geduldige und vertrauensvolle Warten, das durchaus mit Pflege einhergeht, wird oftmals als „nutzlose Zeit" betrachtet. Dabei liegt gerade in ihr die Kostbarkeit von Wachsen und Reifen – Sinnbild für alles, das seine Zeit braucht, um anzukommen und verwirklicht zu werden. Gut Ding (und Mensch) braucht Weil.

Jesus verwendet das Bild des Sämanns. Seine Saat ist gut. Sie trägt den Namen „Liebe und Hingabe".

Immer wieder fällt sie auch auf einen Boden, der durch Neid, Missgunst, Eifersucht, Verängstigung und Gier vergiftet wurde. Aber auch Respektlosigkeit, fehlende Ehrfurcht, Ausbeutung und Egoismus führen zur Erosion des gedeihlichen Humus der Humanität.

Das Evangelium zeichnet uns geeignete und ermutigende Bilder, wie die Saat Gottes aufgehen könnte. Menschen, die einen guten Boden bereiten, ihre Talente verschenken und dadurch den Grundwasserspiegel der Solidarität aufrechterhalten, sind uns Beispiel und Nahrung.

GELD ODER LEBEN?

Vorsicht! Der Jesus-Clan kann Ihr Leben durcheinanderbringen! In explosiver Freude darüber, auserwählt zu sein, die unendliche Liebe Gottes zur Welt zu bringen, stimmt eine ledige schwangere junge Frau (Maria) einen Revolutionssong an und stürzt darin Mächtige vom Thron, erhöht Niedrige, beschenkt Hungrige und lässt Reiche leer ausgehen. Ein zurückhaltender, dennoch starker Mann (Josef) vertraut seiner Liebe, seinen Träumen und geht unerschütterlich den Weg der Solidarität. Ein weiser Mann (Simeon) spricht dem Neugeborenen zu, ein Zeichen zu sein, das befreit, aufrichtet und dem widersprochen wird. Dieses Gottes-Zeichen-Kind setzt starke Impulse, stellt viele Ordnungen auf den Kopf. Wie an jenem Nachmittag, als Jesus den Tempel „reinigt". Der Vieh- und Geldhandel, die schamlose Vereinnahmung des Religiösen für Kommerz und andere Machenschaften regen ihn auf. Energisch, ungewöhnlich gewalttätig, zornig fährt er dazwischen. Wer ihm nachfolgen, „konservativ-christlich" sein will, wird nicht umhinkommen, satte, brave, stets kompromissbereite Wege zu verlassen; die modernen Konsum- und Kredittempel, die mehr „Gläubiger" als Glaubende gewinnen, stark zu hinterfragen. Aufzustehen wider die himmelschreienden Sünden gegen die Menschenwürde, Befreiung und sozial gerechte Lösungen einzufordern. Geht das ohne Geld? Geld, gerecht ver- und geteilt, kann Leben retten, Sorgen mindern, Grundsicherheit gewähren. Wird es zerstörerisch als Todes- bzw. Machtmittel missbraucht oder Produkt von Ausbeutung und Betrug, ist es der Kot der Hölle. Würde ich Ihnen die Pistole ansetzen: „Geld oder Leben"? Sie würden sich für das Leben entscheiden. Sollten Sie sich für das Programm Jesu entscheiden, ist Ihnen mehr versprochen: ewiges Leben. Nach seinem Ausraster widmete sich Jesus im Tempel den Kranken und Kindern. Damit gehörte der Tempel wieder Gott. *Deus caritas est.*

GOTTESDIENST – LIEBESDIENST

Es war befreiend, irgendwann zu entdecken, dass es im Gottesdienst nicht um einen Dienst an Gott geht, sondern vielmehr darum, die Hingabe Gottes an mich und uns anzunehmen. Seine Einladung: „Kommt alle zu mir, die ihr euch plagt …" ist ein Anbot zur Ruhe und Rast. Der freie Sonntag, Auszeiten, Feiertage, Schon- und Schutzräume (zum Beispiel Wallfahrtsorte), Dank- und Festzeiten gehen in diese Richtung. Gott braucht keine Diener, schon gar keine unterwürfigen. Gott will „gutes Leben" für alle. Was er sehr wohl braucht, sind „Mitliebende". Gott wirbt unaufhörlich um uns, flirtet mit der Liebes- und Gestaltungskraft, die in jeder, jedem von uns grundgelegt ist. Die Mauern unserer Rechthaberei, Selbstverliebtheit und Ängstlichkeit lassen dieses Werben oft abblitzen. Die Angst, das Joch der Liebe auf sich zu nehmen, ist nachvollziehbar. Liebe ist ein gefährliches Unterfangen. Liebe öffnet das Fenster der Verletzlichkeit und somit unter Umständen den Raum der Enttäuschung, Vereinnahmung, Verausgabung. Güte und Demut sind Mutproben des Sich-Aussetzens und Sich-großzügig-Verschenkens. Jesus hat sich darauf eingelassen und sich damit auch viele Feinde geschaffen. Was meint er wohl, wenn er dennoch sagt, dass wir Seelenruhe finden, wenn wir sein „Joch" auf uns nehmen, um den Liebeskarren der Welt ein Stück voranzubringen? Vermutlich wusste er um die größte Sehnsucht des Menschen: Die da ist, nicht geliebt zu werden, sondern lieben zu dürfen. Aus der Passivität des Empfangens in die befreiende Aktivität des sich Hingebens zu gelangen. Als Caritasdirektor stehe ich alltäglich dankbar in der Erfahrung, dass Menschen dieser Sehnsucht nachgeben und nachgehen. Vergelt's Gott!

CHRISTEN LEIDEN AN AIDS

Es war wohl der schwierigste Krankenbesuch, den ich erlebt hatte. Gemeinsam mit Bischof Manfred Scheuer besuchte ich ein aidskrankes Ehepaar in einer Provinzstadt im westafrikanischen Burkina Faso. Obwohl gut aufgeklärt, dass keine Ansteckung drohe, brachte uns diese Einkehr in einer erbärmlichen Wellblechhütte an eine Grenze, deren Überwindung uns einiges abforderte. Der todkranke Mann saß auf einer lehmgefertigten Bank, mitten in seinem Kot. Es stank nahezu unerträglich, Brechreiz plagte uns. Wir reichten ihm, der Frau und den Kindern die Hände. Der innere Wunsch, meine Hände möglichst bald waschen zu können, stürzte mich in eine bis dahin nie erlebte Scham. Bischof Manfred nahm neben dem ausgezehrten Mann Platz; ich zu seinen Füßen am Erdboden. Wir hatten wenig zu bieten; die Mitbringsel Schmerzmedikamente, Lebensmittel, Bälle und Malsachen für die Kinder erschienen uns dürftig ob der vorgefundenen Situation. Unsere Übersetzerin, Mitglied der betreuenden Organisation „Flamme der Barmherzigkeit", führte uns durch das immer wieder stockende Gespräch. Der einzige Wunsch der Eltern, dass, sollten sie sterben, die Kinder einen Essplatz und das Geld für den Schulbesuch bekommen sollten, konnten wir dank der Spenderinnen und Spender aus unserem Land erfüllen und versprechen. Nehmen uns sonst afrikanische Kinder mit ihrer Freundlichkeit, ihren strahlenden Augen bald gefangen, blieben die Kinderaugen der sterbenskranken Eltern dumpf und ohne Hoffnungsschimmer. Heute weiß ich, dass sie nach dem Ableben ihrer Eltern einen guten Platz bei Verwandten gefunden haben. Ich weiß nicht mehr, wie lange unser Besuch gedauert hatte. Raum und Zeit schienen aufgelöst. Aber wir waren zumindest da. Und das war der Familie viel wert. Dass der „hohe Besuch" (obwohl wir uns so klein gefühlt hatten) bei ihnen eingekehrt war, war ihnen Ehre und Geschenk. Angesichts der Aidskatastrophe stocke, ja stammle ich und Gedankenströme versiegen und brechen sich an den Klippen des Nichtwissens und der Machtlosigkeit. Ich kann und will das Thema nicht abhandeln; ich verstehe eigentlich zu wenig davon. Und dennoch geht es mich an. Als Christ komm ich nicht daran vorbei. Warum? Als Kirche verstehen wir uns als ein Leib, dessen Haupt Christus ist. „Leidet nur ein Teil des Körpers, dann leiden alle mit", sagt schon Paulus. Insofern leiden wir an Aids.

Allerheiligstes! „Furchtlos besuchten die Christen die Kranken, bedienten sie liebreich, pflegten sie" (Bischof von Alexandrien). Wenn wir uns dem weiten Feld der Kranken nähern, betreten wir die Ursprünge unserer Glaubens- und Solidaritätsgemeinschaft. Jesus selbst hatte keinerlei Berührungsängste mit Infizierten und Kranken, Gekränkten. Die Pflege der Kranken, die Begleitung der Sterbenden, das Trösten der Trauernden, die Unterstützung von Witwen und Waisen sind zentrale Erkennungsmerkmale gelebten Christentums. Wenn wir das Allerheiligste in unseren Kirchen und Monstranzen anbeten und daneben den nackten, geschundenen Leib Christi übersehen, der sich eben auch in Aidskranken zeigt, bleibt unser gottesdienstliches Tun ein verlogenes Schauspiel. Das Christentum sieht in jedem Kranken Geschöpf und Ebenbild Gottes, ja noch mehr: Der Kranke ist das Abbild des leidenden Christus und seine Pflege ist Gottesdienst.

FÜNF BROTE UND ZWEI FISCHE

Als Jesus all das [*dass Johannes enthauptet worden war, Anm.*] hörte, fuhr er mit dem Boot in eine einsame Gegend, um allein zu sein. Aber die Leute in den Städten hörten davon und gingen ihm zu Fuß nach. Als er ausstieg und die vielen Menschen sah, hatte er Mitleid mit ihnen und heilte die Kranken, die bei ihnen waren.

Als es Abend wurde, kamen die Jünger zu ihm und sagten: Der Ort ist abgelegen und es ist spät geworden. Schick doch die Menschen weg, damit sie in die Dörfer gehen und sich etwas zu essen kaufen können. Jesus antwortete: Sie brauchen nicht wegzugehen. Gebt ihr ihnen zu essen! Sie sagten zu ihm: Wir haben nur fünf Brote und zwei Fische bei uns. Darauf antwortete er: Bringt sie her. Dann ordnete er an, die Leute sollen sich ins Gras setzen. Und er nahm die fünf Brote und die zwei Fische, blickte zum Himmel auf, sprach den Lobpreis, brach die Brote und gab sie den Jüngern; die Jünger aber gaben sie den Leuten, und alle aßen und wurden satt. Als die Jünger die übrig gebliebenen Brotstücke einsammelten, wurden zwölf Körbe voll. Es waren etwa fünftausend Männer, die an dem Mahl teilnahmen, dazu noch Frauen und Kinder. *(Mt 14,13–21)*

DAS IST DOCH NUR EIN TROPFEN AUF DEN HEISSEN STEIN!

Immer wieder werde ich mit dieser Kritik an unserem Engagement angesichts der großen Hunger- und Flüchtlingskatastrophen konfrontiert. Wäre es nicht die größte Katastrophe, nichts zu tun, am apathischen Kältetod des Mitgefühls zugrunde zu gehen? Dieses Evangelium liefert mir Antwort und Ermutigung. Jesus zeigt Mitgefühl und setzt Taten.

Es war wohl verrückt zu glauben, mit fünf Broten und zwei Fischen Tausende zu sättigen. So wie es vielleicht verrückt erscheinen mag, dass überschaubare Spendengelder aus Tirol jährlich über 50.000 Menschen in Afrika ein Überleben sichern. Jesus glaubte an die Kraft der hilfsbereiten Verrücktheit und sorgte für Überraschung. Ohne Hokuspokus. Ich glaube nicht, dass er durch himmlische Zaubertricks Fische und Brote zu einer explosionsartigen Vermehrung geführt hat. Es war das Wunder des Teilens, das die Menschen ergriffen, genährt hat. Er ahnte wohl, dass alle einen kleinen Vorrat in der Tasche hatten; angstvoll darauf bedacht, diesen den begehrlichen, neidvollen Blicken der anderen nicht auszuliefern. Da brauchte es das Vorbild, den mutigen Vorstoß zum furchtlosen Teilen des Wenigen. Die Menschen ließen sich begeistern, etwas für andere übrig zu haben. Das Wunder passierte.

PS: Ich möchte jenen, die das Brotwunder wortwörtlich glauben, nicht ihren Zugang streitig machen. Für Gott ist alles möglich. Ob es die Veränderung der Molekularstruktur ist – oder die Wandlung der Gesinnung. Wunder passieren – leise, ungerufen und meist unverdient. Für uns Menschen nicht machbar, sondern immer als Geschenk überreicht.

JESHUA ERFÄHRT WARMHERZIGKEIT

Sie ist eine meiner Lieblingsgeschichten. Ja, sie ist für mich eine der schönsten Liebesgeschichten überhaupt; übertrifft Romeo und Julia bei weitem. Schön und traurig zugleich. Aber man muss sie entdecken und erspüren. Sie ist bekannt und versteckt zugleich. Sie ist sehr alt, obwohl sie sich tagtäglich ereignet:

Es war wenige Tage vor seinem Tod. Er wusste, dass es ihm an den Kragen gehen würde. Er hatte es sich mit vielen verscherzt. Den politischen und religiösen Führern war er ein Dorn im Auge. Er war ein Unruhestifter. Er hatte die Menschen regelrecht verrückt gemacht mit seinen Aussagen und Handlungen. Die Zahl der Anhängerinnen und Anhänger war stetig gewachsen; wenngleich viele auch bald wieder enttäuscht abgezogen waren, weil er ihren Erwartungen nicht entsprechen wollte, sich nicht an die Spitze einer Revolte und eines Staatsstreiches setzen lassen wollte. Auch seine engsten Gefährten und Wegbegleiter waren enttäuscht. Erhoffte Karriereposten schienen unerreichbar geworden zu sein. Und er war müde geworden. Die letzten Jahre haben all seine Kraft gefordert. Sowohl die leidenschaftlichen Liebesbezeugungen wie auch die vehementen Ablehnungen und Angriffe hatten ihren Tribut gefordert. Auch wenn er sich immer wieder an einsame Orte zurückzog, um dort seine Mitte und seine über die Welt hinausgehende Verbundenheit zu finden, es war zu viel gewesen. Er war sehr müde und erschöpft; auch traurig, enttäuscht und nicht frei von Angst. Er wusste, was mit ihm passieren würde, und dies würde grausam sein. An jenem Abend kehrte er bei Bekannten zum Essen ein. Das hatte er immer gerne getan. Wie oft hatte er dafür Kritik erfahren. Insbesondere dann, wenn er bei Menschen eingekehrt war, die als Feinde, Parasiten, Sünder und Vertreter der Besatzungsmacht bekannt waren. Die Tischgesellschaft hatte sich versammelt. Getränke und Speisen wurden gereicht. Die Unterhaltung war im Gange. Jeshua beteiligte sich nicht daran. Gedankenversunken saß er da. Er hätte nicht mehr die Kraft gehabt, sich einzubringen und sich am Diskurs zu beteiligen. Er hatte seine Abschiedsreden, auch wenn er diese nicht als solche zu erkennen gegeben hatte, schon gehalten. Sein Vermächtnis war deponiert; insbesondere seine Aufforderung und Bitte, Hungrige zu speisen, Durstige zu tränken, Nackte zu bekleiden, Fremde aufzunehmen, Kranke zu pflegen, Gefangene zu besuchen. Still und unbeteiligt saß er da. Und dann kam sie. Ihr Auftritt, den er selbst gar nicht wahrnahm, führte zu sofortigem Aufruhr. Was soll diese Frau da? Sie hat hier nichts zu suchen. Dieser Platz ist Männern vorbehalten. Unbeeindruckt von dieser Abweisung geht sie auf Jeshua zu, der sie immer noch nicht erblickt hatte. In ihren Händen trägt sie ein kleines weißes Gefäß. Sie stellt sich vor ihn, zerbricht das Gefäß, fängt das intensiv riechende Öl in ihren Händen auf und verteilt es mit einer unsagbaren Geste der Zärtlichkeit und Hinwendung auf sein Gesicht, sein Haar, seine Hände und Füße und empfängt sein erstauntes und unbeschreiblich dankbares Lächeln und seine Erleichterung. Schreie erfüllen den Raum. „Narde!" Das kostbarste Öl! Eine Handvoll, so viel wert wie der Jahreslohn eines Arbeiters. Welche Verschwendung! Wie viel Gutes hätte man damit ermöglichen können! Wenn es nicht in ein lächerliches und skandalöses Schauspiel wie dieses hier verschwendet worden wäre. Für einen, dessen Tage doch schon gezählt sind. Die Situation eskaliert. Erste Handgreiflichkeiten, der Rausschmiss der Frau unabwendbar. Und Jeshua bündelt all seine Kraft, stellt sich schützend vor die Frau und weist die Männer zurecht. „Lasst sie in Ruhe! Noch nie hab ich solche Zuwendung erfahren. Und ich sage euch: Wann immer meine Geschichte erzählt werden wird, wird diese Stunde und die Gabe dieser Frau miterzählt werden." Und so war und ist es. Diese Begebenheit vor 2000 Jahren in einem kleinen Speiseraum in einem Haus im Vorderen Orient ist bis heute erhalten geblieben. Es ist die Geschichte von Mirjam und Jeshua. Mirjam wollte damit wohl sagen:

„Ich liebe dich. Ich weiß, dass diese Liebe keine Zukunft hat. Ich weiß, dass dein Auftrag und dein

Weg ein anderer ist. Aber bevor du gehst, wollte ich dir das schenken. Auch in Dankbarkeit dafür, was du für mich getan hast."

Ich bin überzeugt, dass diese Warmherzigkeit und Großzügigkeit einer liebenden Mirjam Jeshua geholfen hat, die Tage der Gefangennahme, der Folter, des Schmerzes und Sterbens durchzustehen.

Wortgetreue Bibelleser und Schriftgelehrte mögen es mir nachsehen, dass ich diese Abwandlung und Form gewählt habe, eine Liebesgeschichte der Heiligen Schrift – und diese ist voll von solchen – weiterzuerzählen. Es ist eine Geschichte voller Warm- und Barmherzigkeit. Sie nährt, labt, bekleidet und pflegt meiner Ansicht nach. Ich hab diese Geschichte bei der Eröffnung der Hospiz- und Palliativstation in Innsbruck erzählt. Nicht zuletzt mit der Bitte und Aufforderung, dass wir über Kranke, Leidende und Sterbende und deren Angehörige und Zugehörige das Füllhorn der Großzügigkeit ausgießen.

Verworfene Leserbriefe

INNEWOHNENDE WERTE

„Grüß Gott!" Dieser Gruß misst jedem Menschen, ungeachtet von Geschlecht, Herkunft, Religion und Lebensbrüchen, einen unteilbaren Wert zu. Letztendlich wird damit ausgedrückt, dass in mir, dir, uns das „Göttliche" wohnt, welches zwar verschüttet, abgesprochen, verweigert, bezweifelt, niemals aber vertrieben werden kann. Dieser, jedem Menschen „innewohnende Wert" ruft uns zu Respekt, Achtsamkeit und Solidarität. Auf der Weltenbühne Gottes gibt es keine Nebenrollen und Randfiguren. Alle Menschen sind Ebenbilder Gottes und somit Hauptdarsteller und potentiell „Nächste". Ein Hinweis, dass das „Allerheiligste" nicht nur in goldgefassten Monstranzen zu finden ist, sondern im konkreten Gegenüber. Oder um Johannes Chrysostomus zu zitieren: „Willst du den Leib Christi ehren? Dann übersieh nicht, dass dieser Leib nackt ist. Ehre den Herrn nicht im Haus der Kirche, während du ihn draußen übersiehst, wo er unter Kälte und Blöße leidet." Wer sind jene, die unter der Kälte und Blöße leiden? Kranke, Männer und Frauen, die dem Druck der Zeit nicht mehr standhalten, konsumterrorisierte, innenweltverschmutzte Kinder, Alleingelassene, Überforderte, Heimat- und Ratlose. Soziale Bedürftigkeit ist nicht mehr eine Randerscheinung. Werden wir schwerkrank und pflegebedürftig, holt Armut fast jede, jeden von uns ein. Abhängig von der Gunst anderer werden wir zu Bettlern und drohen überflüssig zu werden. Die Frage ist: Gewinnen die Gesunden, Starken, Selbstgefälligen, Abgesicherten, Verurteilenden die Oberhand oder wollen wir unser Land in einer anderen „Verfassung" sehen? Lassen wir uns verpflichten zum respektvollen Umgang mit den Mitmenschen, Armen, Ausgegrenzten und zur Bereitschaft zum Teilen? Sind wir bereit, die besondere Herz-Tiefenschärfe-Brille aufzusetzen, die einem Gegenüber, unabhängig, ob es uns sympathisch oder unsympathisch erscheint, einen göttlichen, guten Kern zumisst? Oder wollen wir zu den heillosen, sicherlich auch enttäuschten Nörglern, Miesmachern, ewig Unzufriedenen, Undankbaren gehören, die nie genug und daher nichts für andere übrig haben? Gott sei Dank gibt es jene anderen. Flügellose Heilsbringer des Alltags. Die Dichterin Tina Willms umschreibt sie so: „Sie schauen dir ins Gesicht und fragen dich, was denn ist, ehe du weißt, wie traurig du bist. Sie schwingen sich ein auf die Wellen deiner Ängste, teilen sie und nehmen die Hälfte mit. Begegnest du ihnen, so gehst du anders als vorher, leichter die Schritte, leichter das Herz." Ich kenne viele von ihnen. Viele still und unscheinbar, andere leidenschaftlich im Einsatz für das Gute und Notwendige. Sie gibt es und gab es immer wieder.

WUT, MUT UND ZÄRTLICHKEIT

Wenn Konstantin Wecker in seinem Konzertprogramm von „Wut und Zärtlichkeit" singt, so trifft es meine Grundbefindlichkeit. Wut ob der „höheren" Gewalten, die stündlich Tausende, ja Millionen, dem Hunger, dem Verdursten, den vermeidbaren Krankheiten und der Verelendung ausliefern und überlassen. Regierungen, die in kürzester Zeit gigantische Summen in marode Banken pumpen und gleichzeitig die Mittel für Menschen in Not kürzen. Wut, vor allem aber tiefe Betroffenheit darüber, dass in den Hungergebieten der Welt Millionen Menschen um ihr Überleben ringen müssen und die verbindliche internationale Hilfe über lange Strecken ausbleibt. Und es ist zu befürchten, dass die Empörung darüber zunehmend Beine und Nordic Walking eine zusätzliche Bedeutung bekommt. Dass das Mittelmeer in der Zwischenzeit für viele Menschen aus dem Süden zur Grabstätte geworden ist, erfüllt mich mit Wut. Aber auch hier vor Ort: Wut darüber, dass auf der Großbaustelle der Altenpflege nach wie vor unkoordiniertes Handeln zwischen Bund, Ländern und Gemeinden vorherrscht. Dass den Alters- und Pflegeheimen ein kostendeckender Tagsatz vorenthalten wird, ist ärgerlich und existenzbedrohend. Die Tausenden 24-Stunden-Betreuerinnen aus dem Osten

Europas, die die ärgste Katastrophe verhindern, sind ein Rückfall in die Dienstbotengesellschaft des 19. Jahrhunderts und keine nachhaltige Lösung. Ebenso wenig wie das gebetsmühlenartige „Mobil vor Stationär". Pflegende Angehörige brauchen Entlastung, Entlastung und nochmals Entlastung. Und das Heim ist nicht selten eine gute Lösung. „So gut ist es mir noch nie gegangen", so der Originalton einer Heimbewohnerin. Vorerst genug mit der Wut. Es gibt auch viel Positives und Hoffnungsvolles, ja viel Beherztes. Viele kirchliche, zivilgesellschaftliche Initiativen, die sich dem Dauerauftrag der Humanität verpflichtet haben und jedes Jahr Tausenden Menschen eine Perspektive, ja ein Überleben eröffnen. Tausende hochengagierte Mitarbeitende in den Sozial- und Gesundheitsbetrieben, Freiwillige und Ehrenamtliche, Spenderinnen und Spender, verantwortungsvolle Wirtschafts- und Gewerbetreibende und auch Politikerinnen und Politiker mit Mut, Weitblick und Verantwortungsbewusstsein zeugen davon. Nicht zuletzt unzählige Nahversorger der Nächstenliebe. Wie hat es ein Pfarrgemeinderat in Osttirol treffend formuliert: „Ein guter Christ ist ein guter Nachbar." Das gilt wohl auch für viele Mitbürgerinnen und Mitbürger anderer Konfessionen und auch für Konfessionslose. Diese Solidarität erfüllt mich dabei mit großer Dankbarkeit, ja fast Zärtlichkeit.

RUNTER VOM ROSS UND
BROT UND ROSEN

Martinsfest. Die Kinder spielen mit Begeisterung die bekannte Legende. Der Arme bekommt seinen halben Mantel. Der Darsteller des heiligen Martin die allseitige Anerkennung. Danach gibt es im Licht der schmuckvollen Laternen eine Jause für alle. Alle sind zufrieden. Außer ich. Ich stelle meine hinterlistige Frage, die mich seit Jahren begleitet. Wie heißt der Bettler mit Namen? „Marcel", lautet die Antwort. Nein, ich meine nicht den des Darstellers. Ich meine den des „richtigen" Bettlers. Niemand weiß es. Ich kläre auf. Der Bettler hieß und heißt „Gott". Ja, Gott, vor allem aber sein Ebenbild, der notleidende Mensch friert. Auch in unserem Land. Wenn wir nicht bereit sind vom hohen Ross zu steigen. Wenn wir nicht absteigen vom störrischen Gaul der Vorurteile, Verdächtigungen, Schuldzuweisungen und Zweifel. Gott und sein Ebenbild friert – wenn wir nicht Einschnitte in Kauf nehmen. Einschnitte in unseren Mantel der vermeintlichen Sicherheiten und des erworbenen und geschenkten Wohlstandes.

Schauplatzwechsel: Die heilige Elisabeth von Thüringen. Eine Verrückte. Inspiriert vom Gedankengut des Franz von Assisi. Radikal in ihrem Einsatz für die Hungrigen und Kranken. Ihre Parteinahme für die Ausgegrenzten war skandalös. Letztendlich kostet es sie die eigene Gesundheit und den Familienanschluss. Aber sie wird zur großen Pionierin des Sozial- und Gesundheitswesens in Mitteleuropa. Tausende Kliniken, Sozialstationen, Pflegeheime tragen ihren Namen.

Sie scheute sich nicht, das Brot, das sie für die Armen benötigte, zu stehlen. Die Legende berichtet, dass sie, auf frischer Tat ertappt, den Korb mit dem entwendeten Brot lüftete und Rosen zum Vorschein kamen. Welches Bild! Der Mensch lebt nicht vom Brot allein. Wenn Brot nicht den Duft der Liebe und den Stachel des Kampfes gegen die Ungerechtigkeit trägt, ist es auf Dauer unbekömmlich. Nur unsere Liebe und unser gleichzeitiger Kampf gegen jegliche Ausgrenzung wird die Armen davor bewahren, uns zu hassen für die mildtätige Gabe und das vorenthaltene Leben. Armutsbekämpfung tut weh. Die Weltanschauung Gottes, die Liebe, ist nicht frei von provokanten Herausforderungen.

Wer spärlich sät, wird bescheiden ernten. Wer befreiend und befreit gibt, wird überrascht vom guten Leben.

GUTMENSCHEN SIND GEFRAGT

Ich war hungrig, durstig, fremd. Und ihr habt mir zu essen, zu trinken gegeben. Und ihr habt mich aufgenommen. Diese kurze Passage aus dem großen Programm der beherzten Solidarität verweist uns auf unsere humanitären und geistigen Wurzeln. Die Gewährung von Gastrecht gehört zu den großen Schätzen der Menschheit. Gewährung von Asyl war und ist nicht selten die Überlebenschance für Millionen Verfolgte, Ausgegrenzte, Perspektivenlose. Nicht zuletzt während der Schreckensherrschaft der Nationalsozialisten. Die österreichische Jüdin Dora Schimanko, die als Kind nach Großbritannien flüchten musste, bringt es aktuell auf den Punkt: „Hätte in England 1938 das heutige österreichische Flüchtlingsrecht gegolten, hätte ich nicht überlebt." Ebenso alt ist die Verunglimpfung jener, die sich solidarisch zeigen. Die Bezeichnung „Gutmensch" ist eine Wortschöpfung der Nazis. Sie sollte jene als lächerlich und naiv, ja rechtsstaatgefährdend darstellen, die die Stimme erhoben und sich auf die Seite jener stellten, die als wertlos, unnütz oder verwerflich galten. Geübte Praxis ist es auch, aus Fluchtmenschen „Fluchmenschen" zu machen. Flüchtlinge waren und sind immer willkommener Sündenbock und anscheinend an vielem schuld. Die gesteuerte Erregung öffentlichen

Ärgernisses über sie ist ein Ablenkungsmanöver von den ungelösten Fragen der Bildungs-, Arbeitsmarkt-, Pflege-, Pensions- und Wohnungspolitik. Deshalb beteilige ich mich ungern an diesem grausamen, schäbigen Spiel. Was nicht zur von Papst Franziskus zitierten „globalisierten Gleichgültigkeit" in Flüchtlingsfragen führen darf.

Selbstverständlich hinterfrage ich nicht die unverrückbare Bedeutung eines Rechtsstaates. Zu viele Menschen haben ihr Leben gelassen, damit wir diesen haben. Es darf aber auch angemerkt werden, dass es eine jahrhundertelange Praxis des „Gnade vor Recht" gibt, ohne dass wir uns was vergeben. Und was ist mit den Schleppern? Wenn man mit der Not von Menschen Geschäfte macht, ist das völlig inakzeptabel, aufs Schärfste zu verurteilen und der strafrechtlichen Verfolgung zuzuführen. Davon abzuleiten, dass die meisten Asylsuchenden kriminell seien, widerlegt die Erfahrung und gehört wiederum zur verächtlichen Strategie populistischer Inkompetenz-Politik.

GRÜSS GOTT – BETTLER!

Auf der Weltenbühne Gottes bekleiden Arme und Bettler keine Nebenrollen oder sind Randfiguren, sondern sind hervorragende Hauptdarsteller, ausdrückliches Ebenbild Gottes.

Aber sie stören. Sie sind lästig. Sie gehen uns auf den Geist. Auch mir …

Bettler verärgern, zeigen sich unsympathisch mit unserem zur Schau gestellten Wohlstand. So wie die Armen rund um Jesus Störenfriede waren, sich nicht gescheut haben, ihn lauthals um Hilfe zu bitten. Seine Zuwendung, sein Zwischenstopp, um ihnen zu helfen und Aufmerksamkeit zu schenken, war skandalös, stellte die geltende Ordnung auf den Kopf. Wagen wir es heute, selbst hilflos und ohne eine Lösung bei der Hand zu haben, uns solidarisch mit ihnen zu erklären, werden wir zu selbsternannten „Gutmenschen" und moralischen Beitragstätern erklärt.

Woher diese Angst vor den Bettlern? Ist es die tief in uns schlummernde Angst, selbst vom Wohlwollen anderer abhängig zu werden? Eine reale Angst. Wir beginnen unser Leben als Bettler, die ohne Zuwendung und Pflege der Eltern zugrunde gegangen wären. Und wir verlassen diese Welt als Bettler, in der Hoffnung, dass uns liebevolle Angehörige und Pflegerinnen würdevolle Begleitung und Betreuung zukommen lassen. Die Unverschämtheit der Bettler liegt wohl darin, dass sie uns diesen Stachel des Unausweichlichen vor Augen führen.

Ein schräger Gedanke: Sollen wir Bettlerinnen und Bettlern dankbar sein? Für das Wegzeichen, den Bildstock Gottes am Wegrand unseres Wohlstandes? Schwierig. Aber eines ist eindeutig: Ihr Betteln hat uns erwählt, ihre Nächste, ihr Nächster zu sein.

Gott bettelt auch; bettelt seit Jahrtausenden um „Mitliebende". Er braucht unsere Hilfe, damit sein Gottesdienst zum Menschendienst wird.

SCHONZEIT

Als gelernter Pädagoge, dessen Herz ungebrochen Kindern und Jugendlichen zufliegt (ohne die erwachsen und alt gewordenen Kinder hintanzustellen), wage ich mich ab und zu an Vorträge vor Eltern und Pädagogen. Eine Frage, die ich dabei immer wieder stelle: Wissen Sie, wie Kinder „Liebe" buchstabieren? Dem Erstaunen ob dieser banalen Frage folgt dann die Auflösung. Nein, nicht mit „L.I.E.B.E", sondern mit „Z.E.I.T". Das Maß dessen, ob ich die Erfahrung machen darf, anerkannt, wertgeschätzt, angenommen, ernst genommen, verstanden zu werden, ja geliebt zu sein, misst sich nicht zuletzt an der geschenkten Zeit. Zeit, die sich jemand für mich und meine Gedanken, Sorgen, Freuden, mein Sehnen nimmt.

Und es sind nicht nur Kinder, die „Liebe" mit „Zeit" buchstabieren. Wir alle sind es. Alt und Jung. Da Nächsten- und Fremdenliebe aber die Vorlaufzeit der Annahme meiner selbst benötigt und auch zugesteht (Liebe deinen Nächsten wie dich selbst!), ist die sich selbst geschenkte Zeit einer der wichtigsten Liebesakte unseres Lebens.

Nahezu alle von uns tragen eine tödliche Waffe bei sich. Es ist die Vernichtungswaffe des Sekunden-, Minuten- und Stundenzeigers. *Speed kills* – Tempo tötet. Ohne Zweifel.

Tempo tötet Menschen nicht nur im Straßenverkehr. Tempo tötet den gesunden Haushalt unseres psychischen wie physischen Körpers. Tempo tötet den achtsamen Zugang zur Schöpfung, zur Natur, dem Mantel unseres Daseins. Tempo tötet das Geschenk der Wahrnehmung des Kunstvollen und Kreativen, das uns umgibt und in uns ist. Tempo tötet nicht die Beziehung zu unseren Lieben, Nachbarn, Nahestehenden, uns Suchenden.

Tempo tötet den Bezug zum Göttlichen. Man mag über die Kirche schimpfen, sie als nicht mehr zeitgemäß betrachten. Eines aber hat sie uns über Jahrhunderte hinweg geschenkt und auch verteidigt: Schonzeiten. Der freie Sonntag, die zusätzlichen Feier- und dadurch Frei-Tage. Stunden des Innehaltens, des Herausgehens aus dem Lärm und dem Anspruch der Zeit.

Meine Großmutter „pflegte" viel in die Kirche zu gehen. Eigentlich täglich. Nicht, weil sie besonders fromm gewesen wäre, schon gar nicht bigott und kirchenfreundlich. Nein, es war die gesellschaftlich anerkannte, tolerierte Form, sich eine „Auszeit" zu nehmen. Die Arbeit zu Hause war unendlich. Die Oasen des Abschaltens, des zur Ruhe-Kommens, das einschläfernde Gemurmel der vertrauten Gebete, der aufgeräumte, schöne und sinnliche Kirchenraum, die Musik. All das tat ihr gut, ließ sie zu sich selbst kommen. Aus diesem Geschenk für sich selbst strömte nicht zuletzt ihre unbeschreibliche Hingabe und Liebe zu den Menschen und zur Natur.

Zeit ist Geld. Stimmt natürlich auch. Einiges wird durch das Geld möglich. Als Spenden empfangende Caritas wissen wir das auch. Wobei jede Spende letztendlich auch verwandelte Arbeits- und Verzichtszeit darstellt. Neben dieser Zuwendung, die wir und andere Gemeinwohl-Organisationen dankbar erfahren, sind wir beschenkt von den Tausenden „Zeitspenderinnen und -spendern", den Freiwilligen, die unserer Gesellschaft, unserem Land zu unbeschreiblichem Mehrwert verhelfen. Ihnen sei besonderer Dank ausgesprochen. Was ich uns allen von Herzen wünsche, ist „geschenkte" Zeit. Nehmen wir uns nicht das Leben. Schenken wir uns Zeit.

HUNGER UND DURST

Wenn Kinder die Zukunft dieser Welt sind: Wie ist es dann um unsere Zukunft bestellt, wenn täglich Abertausende von ihnen an Hunger und Durst sterben oder schwere Behinderungen davontragen? Unsere mediale Welt würde außer Rand und Band geraten, würden täglich 100 Flugzeuge abstürzen. Die Opferbilanz – welch fürchterliches Wort, das nur die Zahl und nicht das Schicksal kennt – der täglichen Hungertoten sieht so aus. Hunger und Durst sind die größten Massenvernichtungswaffen der Welt. Eigentlich unvorstellbar und deshalb ist es so schwer, Sympathisanten für die Hungerbekämpfung und Ernährungssicherheit zu gewinnen.

Hunger hatte ich nie, obwohl ich in sehr bescheidenen Verhältnissen aufgewachsen bin. Essen war immer da. Und es war fast immer ein Fest, zu Tisch zu sitzen; unabhängig, was sich auf diesem befand. Ich erinnere mich noch gut: Die Familie hatte gerade eine große finanzielle Durststrecke durchzustehen. Und es war absolut kein Geld für ein Geburtstagsgeschenk für mich da. Das wusste ich. Um meinen Eltern die Peinlichkeit zu ersparen, mir nichts Kindgemäßes schenken zu können, wünschte ich mir eine Gemüsesuppe (damals meine Leibspeise) als Geburtstagsgeschenk. Es war das beste Geburtstagsessen meines

Lebens. Es war gewürzt mit der Liebe meiner Eltern, die es doch noch irgendwie geschafft hatten, ein kleines Geschenk aufzutreiben. Genährt wurde ich vor allem durch das Vitamin „Z" – Zeit, Zuwendung und Zärtlichkeit. Diesen Vitamincocktail brauchen alle Kinder (und Erwachsenen) dieser Welt. Menschen in den Elendsgebieten dieser Welt brauchen mehr. Ihr Hunger und ihr Durst sind konkret. Meinen ersten offiziellen Arbeitstag als Caritasdirektor verbrachte ich in einem Auffanglager für Flüchtlinge in Westafrika. Ich werde es nie vergessen, wie vor meinen Augen verzweifelte Mütter um das wenige Essen rangen und Kleinkinder ihren letzten Lebensatem aushauchten. In ihren stillen und lauten Schrei hab ich mein Versprechen gegeben, *nie müde zu werden, gegen diese Ungerechtigkeit aufzutreten und lästig für sie zu betteln.* Wir verdienen kein Ansehen, wenn wir wegsehen. Unsere Lebens- und Liebesbilanz wird sich an dem messen, ob wir unseren Kindern und Mitmenschen das Vitamin Z gereicht haben und allen Kindern dieser Welt eine Zukunftschance geboten haben. Alles andere wäre unbarmherzig.

JUNGE ZUVERSICHT

Erinnern Sie sich noch an Robert Steinhäuser? Wohl nicht. Er war jener junge Mann, der für alle überraschend 2002 in einem Amoklauf 16 seiner Mitschüler und Lehrer in Erfurt tötete. Eine Welle der Entrüstung erfasste Deutschland; wie so oft mit einem Bündel an Schuldzuweisungen. Nicht zuletzt wurde die „schlimme, respektlose Jugend" angeprangert. Daraufhin zogen 3000 Jugendliche in Erfurt auf die Straße, um ihrem Unmut und ihrer Enttäuschung Stimme zu verleihen. Auf einem der Transparente, das die Weltpresse eroberte, stand: „Wir sind eure Zukunft. Ist euch eure Zukunft egal?" Ohne Zweifel, junge Menschen sind unsere Gegenwart und Zukunft. Ihnen die Botschaft zu vermitteln, dass sie erwünscht, geschätzt und gefragt sind, ist unser aller Auftrag. Junge Menschen wollen gebraucht werden. Die Botschaft, dass sie überflüssig, ja störend sind, kann zum Flächenbrand führen, zieht uns regelrecht den Boden unter den Füßen weg. Angesichts der großen Herausforderungen, vor denen unsere Gesellschaft heute steht, können wir auf niemanden verzichten. Jugendliche haben es heute schwer. Auch dadurch, dass sie zwischen mehreren Welten, Kulturen, Ansprüchen, Vorgaben, Vorurteilen ihren Lebensentwurf finden müssen. Ein Experiment, das gelingen soll, wenn sie und wir zukunftsreich sein wollen. Wenn ich auf den Großteil der jungen Menschen in unserem Land schaue, dann geht mir das Herz auf. Ihre Lebensfreude, ihre Kraft, ihr Zusammenhalt, ihr kritisches Hinterfragen dessen, was ihnen von der unersättlichen Erwachsenenwelt und Konsumindustrie serviert wird, erfüllt mich mit großer Hoffnung. Der Wert der Familie – auch wenn sie nicht mehr den alten Klischees entspricht –, die Bedeutung tragender, verbindlicher Freundschaften, das solidarische Zusammenleben, ja eine neue Bescheidenheit und nicht zuletzt eine gewisse Unbekümmertheit und die Grundeinstellung „Gemeinsam schaffen wir das", lesen wir aus den Jugendstudien der letzten Jahre. Und nie ist da von Angst die Rede. Angst frisst die Seele auf. Angst führt zu Herzkrankheiten. Ich glaube an eine herzliche Zukunft. Junge Menschen können uns das lehren.

Barmherzigkeit
am Lebensende

ES GIBT KEINEN ENDTAG

Der bekannte Innsbrucker Rechtsanwalt Dr. Ivo Greiter veröffentlichte 2012 ein Buch mit dem Titel „Endtag. Wenn jeder weiß, wann er stirbt. Ein Szenario". Er geht dabei von einer utopischen Situation aus, dass jeder Mensch durch eine gentechnische Untersuchung gleich nach seiner Geburt das Todesdatum wisse. Frühere Todesfälle gäbe es nur durch Mord oder Unfall. Das Wissen um den Endtag verändert vieles. Dieses verrückt anmutende Szenario steht in einer langen Tradition des *memento mori!*, des „Mensch gedenke, dass du sterblich bist!" Die Utopie überzeichnet, faltet die Grundidee um das Wissen des „letzten Tages" schonungslos in die unterschiedlichsten Bereiche des individuellen wie öffentlichen Lebens aus. Liebes-, Freundes- und Familienleben, Berufswelt, Politik, religiöses Leben, Finanzplanung, Sozial- und Gesundheitssysteme stehen am Prüfstand. Nicht nur einmal nahm ich das Manuskript zur Hand; meditierte die oft berührenden Szenen und versuchte die Tragweite der Veränderungsprozesse zu reflektieren. Teils faszinierend, dann wieder Ärgernis erregend ergriffen mich die Gedankengänge des Autors. Dann gab es Momente, in denen ich das Skript verwarf und ins Dunkel verbannte. Übrig blieb: Warum nicht? Warum nicht so ein Buch? Es provoziert und regt an, stellt Fragen und animiert, nach Lebensantworten zu suchen. Und es stellt das Unausweichliche, das gerechterweise jeden Menschen betrifft, in den Mittelpunkt. Der Tod ist zwar allgegenwärtig. Dennoch ist es meist der (mediale) Tod der anderen; selten „persönlich". Würde das exakte Wissen um die letzte Stunde wirklich mehr Würde und weniger Angst in die Gesellschaft, in das Individuum tragen? Ich glaube nicht. „Würde" ist ein „einem Menschen innewohnender Wert", das heißt von außen nicht sichtbar, dem Zugriff der Bewertung vorenthalten. Äußerlichkeiten wie Lebenszeit umfassen nie die Weite und Tiefe des Menschseins. Angst? Es ist wohl weniger die Angst vor dem Tod, der die Menschen von der bewussten und reifen Auseinandersetzung fernhält. Es ist die Angst vor dem schmerzhaften und einsamen Sterben. Und es ist die Angst vor dem „Danach" oder vor dem „Nichts danach". Im Buch finden wir wunderbare Zitate von Dietrich Bonhoeffer, Alfred Delp, Christoph Probst. Sie alle verweisen auf die Hoffnung, dass mit dem Tod nicht das letzte Kapitel geschrieben ist. Seit Ostern wissen wir, dass der Tod Durchgang und nicht Ende bedeutet. Und dass wir alle zum Heil und zur Seligkeit berufen und eingeladen sind. Zu Allerheiligen und Allerseelen feiern wir das Gedenken und danken den Vorausgegangenen. Und demonstrieren auf besondere Weise, dass es kein Vergessen- und Verworfensein und eigentlich auch keinen Endtag gibt. Diese Perspektive könnte uns gelassener, gütiger, wesentlicher, ja sogar lebenslustiger machen. Was glauben Sie?

PUSTEBLUME UND LÖWENZAHN

Auch wenn uns Rastlosigkeit, der Terror der Uhr, die Vereinnahmungen der lauten, ständig fordernden und einfordernden Welt Zeit und Leben rauben, die Sehnsucht geht in eine andere Richtung: wach und gelassen zugleich das Hier und Jetzt, den Lebensstrom wahrnehmen; aufnahmebereit für das Schöne und Gute den Augenblick genießen und in ihm zufrieden verweilen zu dürfen. Nichts da!

Das Stakkato des Dauerstreites, die Streubomben der Gewaltbilder, die pausenlos auf uns niederprasseln und uns ein Bild der Welt zeichnen, wo der Tod und nicht das Leben das Zepter in Händen hält. Dies geht nicht spurlos an uns vorüber. Es beeinflusst unser Denken und Fühlen, treibt uns in die Mutlosigkeit, in die Apathie und beeinträchtigt Frohsinn, Hoffnung und Einfühlungsvermögen. Nicht zuletzt treibt dieses „Zuviel" in die Flucht, in die Verdrängung. Das Sterben, der Sterbende wird abgeschoben, hat keinen persönlichen Platz mehr im Alltagsleben, wird institutionalisiert.

Das Sterben hat seine Normalität verloren, wird zunehmend zum menschlichen oder medizinischem Versagen. Verschärft durch den Ungeist der Wegwerfgesellschaft. Von klein auf lernt man, dass alles, was den Reiz des Neuen verloren hat, entsorgt werden kann. Diese geübte Praxis unserer untreuen Konsumgesellschaft überträgt sich irgendwann von den Dingen auf die Menschen. Man entsorgt, was anscheinend nicht mehr gebraucht wird. Hier ist eine radikale Gegenkultur angesagt. Jede, jeder ist wichtig; wird gebraucht, niemand darf verworfen werden, braucht Schutz und Gemeinschaft. Wie viel können uns Sterbende lehren! Nicht zuletzt das Sterben.

Meine Großmutter hat 20 Jahre vor ihrem Tod ihren „Sterbekoffer" gepackt. Er beinhaltete ihre letzte Kleidung, die finanzielle Vorsorge und ein paar Aufträge, wie ihre Beerdigung zu gestalten sei. 20 Jahre unausweichlicher Blick auf diese „letzte Reise", die sie antreten würde.

Immer mehr Unbefangenheit, ja sogar ein Schuss Humor. 20 Jahre zunehmende Gelassenheit, zunehmende Dankbarkeit und Zufriedenheit mit dem, was war und ist. Sie „segnete das Zeitliche" und freute sich auf das große Unbekannte. Ihre starke Verbundenheit mit der Natur hatte sie gelehrt: Nichts geht verloren. Die Pusteblume wird zum Löwenzahn und umgekehrt.

Ja, es gibt das Fallen. Aber es gibt jemand, der mich unendlich auffängt. So hatte sie es auch im Rückblick auf die Achterbahn ihres Lebens erfahren. Höhen und Tiefen, Leben und Tod, Fülle und Entbehrung, Schuld und Verzeihung, Sommer, Herbst, Winter und Frühling.

Ein Blick in die pralle, wunderbare, sich unermüdlich erneuernde Natur mit ihrer faszinierenden Vielfalt liefert den Beleg:

Der Tod hat nicht das letzte Wort. Es ist das Leben.

OSTERPREDIGT

Der Sinn des Lebens kann doch nicht darin bestehen, der oder die Reichste am Friedhof zu sein, oder? Was beherrscht unsere Welt, unser Leben? Ich sage unter anderem: der Konsumismus. Sein Anspruch: die ganze Welt zu beherrschen, die Menschen zu „uniformieren". Die Kinder und Erwachsenen dieser Welt sollen gleichmachende Markenklamotten tragen, sich in eine Musikkohorte einreihen, sich von universellen (Gewalt-)Spielen in den Bann ziehen lassen, überzuckerte Snacks und Drinks zu sich nehmen und den Kurzzeit-Göttern in der Show- und Sportarena huldigen und entsprechende Finanzopfer abliefern. Und dass ja keine gute Stimmung aufkommt! Das Dauerbombardement der Newsroom-Schreckensnachrichten schickt die Menschen in den Keller der Unzufriedenheit. Erlösung naht im Werbeblock, der das Produkt der Erlösung von der Trübsal des Lebens verspricht. Vor allem sollen sich die Menschen fürchten. Fürchten, zu kurz zu kommen. Fürchten, den Himmel auf Erden zu verpassen. Fürchten, vor jenen, die nur darauf warten, die Wohlstandsburg zu erstürmen und auszurauben. Wer viel hat, hat viel zu verlieren. Festgenagelt an der Pinnwand der unstillbaren Gier verliert der Mensch seine Freiheit.

Was hat das mit Ostern, dem Mann am Kreuz zu tun? Ein Mann, der nach menschlichen Maßstäben ein Erfolgloser, Gescheiterter, Verratener und bis auf eine kleine Handvoll treuer Angehöriger ein Verlassener war? Sein ruhmloses, abscheuliches Ende war nicht Schlusspunkt. Nach einer Zeit der Verwandlung durfte der zeitlebens Aufständische auferstehen. Eine der Botschaften von Ostern ist: Leben ist nicht die letzte Gelegenheit. Der Bogen unserer Existenz und Bedeutung ist weiter gespannt, zeitlos und vermutlich in unendlicher Liebe verankert. Das befreit! Befreit uns vom Stress, alles bekommen und erleben zu müssen. Befreit uns vom Wahn, dass Himmel sich hier auf Erden ereignen muss. (Die geschenkten himmlisch-irdischen Erfahrungen des Lebensglücks sind nur Vorboten.) Befreit uns vom eingeredeten Mangel, macht uns trotz aller Entbehrungen, Unzulänglichkeiten im besten Sinn zufrieden, ja vielleicht sogar großzügig. Der Zufriedene hat immer etwas für andere „übrig". Davon lebt nicht nur die Caritas, sondern eine solidarische Gesellschaft. Wir brauchen keine Angst zu haben vor dem, der da sagt: Seid dankbar und zufrieden! Ihr seid wertvoll auch ohne den Besitz, den ihr angehäuft habt und der eure Wohn- und Kinderzimmer verwüstet und Deponien füllt. Ihr könnt letztendlich nichts mitnehmen! Übt Gelassenheit und das Loslassen! Gebt früh genug ab und teilt!

Versöhnt euch! Pflegt Gemeinschaft, Zusammenhalt und Gastfreundschaft! Spielt, kocht, esst, trinkt, singt, betet, feiert miteinander! Gesegnete Ostern!

KRANKENBESUCHE WERDEN
ZUR LEBENSSCHULE

Der Anruf kam überraschend. Ein älterer, mir eigentlich fremder Herr, mit dem ich vor Wochen und eher zufällig ein Tischgespräch geführt hatte, bat mich, ihn im Hospiz zu besuchen. Am gleichen Abend machte ich mich auf den Weg zu ihm; wohl auch, weil meine vorige Begegnung äußerst positiv verlaufen war, quasi Sympathie auf den ersten Blick und das spontan angebotene Du ohne Beigeschmack. Die Bitte, die er mir vortrug, überraschte und berührte mich zutiefst. „Ich werde in absehbarer Zeit sterben. Kannst du dir vorstellen, mich zu begleiten, mich regelmäßig zu besuchen?" Ich war ergriffen vom Vertrauen und Zutrauen, das mir entgegengebracht worden war. Ich konnte die Tragweite meiner Zusage in diesem Moment nicht abschätzen. Eine innere Stimme sagte mir aber, dass dieser Mann eine wesentliche Bedeutung in meinem Leben einnehmen würde. Und so war es auch. Acht Wochen besuchte ich ihn jeden Tag, erlebte seine zunehmende Schwächung, die Einbuße der Selbstständigkeit, die damit einhergehenden Krisen und am Schluss auch den Hinübergang in eine andere Daseinsebene. „Woher kommst du gerade? Erzähl mir, was du heute erlebt hast? Was beschäftigt dich am meisten? Wohin gehst du heute noch?" Diese und viele andere Fragen eröffneten das tägliche Gespräch. Die Frage nach seiner eigenen Befindlichkeit überging er meist nachsichtig. Seit dieser Zeit stelle ich nur mehr mit Bedacht und Vorsicht die Anfrage: „Wie geht es dir?" Für jemanden, für den immer weniger „geht", kann es wie ein Hohn klingen. Und ehrlich und konsequent gestellt, muss die Frage letztendlich in das Versprechen münden, sich viel Zeit zu nehmen, einen Weg miteinander zu gehen. Nähe und Distanz und vor allem das Tempo bestimmt der Gefragte. Und so erzählte ich meinem neuen „Freund"; diese Anrede hatte er sich gewünscht, alltäglich meine Sorgen und Freuden, meine Zweifel und Erkenntnisse, meine Vorhaben und mein Zögern, mein Gelingen und Scheitern. Er wiederum Episoden aus seinem Leben. An dieser Stelle sei ergänzt, dass er jahrzehntelang Spitzenmanager renommierter Unternehmen unseres Landes gewesen war. Etwas, was mir anfangs gar nicht bewusst gewesen war. Als ehemaliger Geschichtelehrer erfuhr ich die jüngste Zeitgeschichte noch einmal unter neuen Gesichtspunkten und Hintergründe, die in keinem Buch zu finden sind. Was mich aber am meisten faszinierte, war, wie er es schaffte, in seine Erzählungen und Anekdoten, die Antworten auf meine Fragen und Erlebnisse des Vortages zu verpacken, ohne darauf Bezug zu nehmen. Nur zweimal stellte er mir mit schelmischem Blick die Frage: „Kann ich dir was mitgeben?". Das tat er. Neben aller Traurigkeit über die kurze Zeit, die uns noch bleiben würde, und die wachsenden Beeinträchtigungen, unter denen er litt, war es eine Zeit des Aufblühens verborgener Knospen, die in uns beiden grundangelegt waren. Unsere Liebe zum Leben, unsere Dankbarkeit für all das, was uns geschenkt worden war, die zunehmende Akzeptanz der Unvollkommenheit und die ungebrochene Leidenschaft für das noch Mögliche und vermeintlich Unmögliche füllten den Rucksack unseres gemeinsamen Weges. Die Frage nach dem Danach und nach Gott blieb nicht aus. Ich war froh, dass ihm im Hospiz neben sehr liebevollen Mitarbeiterinnen auch ein sehr einfühlsamer Seelsorger zur Seite gestellt war. Manches zutiefst Persönliche und Intime hätte wohl nicht Raum und Zeit zwischen uns gefunden. Aber eines hinterließ er mir in Form einer sehr dichten Darstellung seiner Glaubensgeschichte und Gottesbeziehung:

„Weißt du, Georg, ich habe eine sehr wechselvolle Geschichte mit Gott hinter mir. Am Anfang stand das: Ich glaube an Gott. Dann das: Ich zweifle an Gott. Darauf folgte auch das: Ich verzweifle an Gott.

Am Schluss meines Lebens darf ich aber dennoch sagen: *Deo gratias* – Danke, mein Gott!"

Und ich sage mit dankerfülltem Herzen: Vergelt's Gott, mein Freund und Lehrmeister.

ICH WAR TOT UND IHR HABT MICH BEGRABEN

Das ist doch selbstverständlich, oder? Wer wird denn Tote herumliegen und verrotten lassen?

Je älter ich werde, umso mehr liegt mir eine achtsame Begräbniskultur am Herzen. Gelernt habe ich es wohl von meinem Vater, der sich mit Vorliebe am Friedhof aufgehalten hatte. Nicht nur, weil er dort das Neueste aus dem Dorf erfahren konnte. Gespräche am Friedhof verlaufen anders als am Wirtshaustisch. Nein, die Pflege der Gräber war ihm ein großes Anliegen. Nicht nur das Familiengrab. Die verlassenen, vergessenen und ungepflegten Gräber hatten es ihm besonders angetan und er übernahm deren Betreuung ohne Bitte und Auftrag. Er pflegte damit eine Erinnerungs- und Wertschätzungskultur, die eine Renaissance verdient. Vielleicht sogar ein neues Ehrenamt. Wir wären nicht, was wir sind, und hätten nicht, was wir haben, ohne die bekannten und unbekannten Leistungen jener, die vor uns gelebt und gewirkt haben. Wir genießen unseren längst aufbereiteten Lebens- und Kulturraum, begehen und befahren Wege und Straßen, die Menschen konkret angelegt oder als Steuerzahler mitfinanziert haben. Nur weil Menschen verstorben sind, seien sie noch lange nicht verworfen. Das stilvolle Begräbnis, dessen Vor- und Nachbereitung, sind unverzichtbare Bausteine einer Trauer- und Trostarbeit. Internationale Katastrophenhelfer, Soldaten, Freunde und Angehörige erleben schwere traumatische Erfahrungen, wenn es nicht möglich ist, Verstorbene würdevoll zu begraben. Es braucht begreifbare Orte der Erinnerung. Der virtuelle Friedhof im Internet genügt nicht, um seine dahingegangenen Angehörigen und Freunde zu besuchen. Was es auch braucht, sind gute Begleiterinnen und Begleiter auf dem letzten Weg. „Georg, mein Vater hat sich das Leben genommen. Er ist vor Jahren aus der Kirche ausgetreten. Er bekommt kein Requiem und kein christliches Begräbnis. Er hätte es auch nicht wollen. Aber meine Familie und ich brauchen es. Kannst du es uns nicht machen? Der Bestatter allein ist uns zu wenig. Und die Ritualberater und -begleiter passen für uns auch nicht." Ich gebe zu, es war eine Herausforderung. Und der Handwerkskoffer dafür stand auch nicht griffbereit. Und mit meinem Dienstgeber Kirche wollte ich es mir auch nicht verscherzen. Gesiegt haben die alte Überlieferung und der unmissverständliche Auftrag, dieses letzte Werk der Barmherzigkeit den Menschen nicht vorzuenthalten. Vielleicht hat mir mein Vater das Staffelholz weitergereicht. Und ich bin überzeugt: Ob es die Gestaltung einer Trauerfeier, eine Alternative zum üblichen Rosenkranz, der nicht für alle passt, oder einfach nur der Besuch bei einer Familie ist, die überraschend und schmerzhaft jemand verloren hat – es macht Sinn und tut gut. Manchmal schließt sich für mich auch ein Kreis zu den ersten Werken der Barmherzigkeit, wo es um das Essen und Trinken geht. Hatte ich früher bei Kondolenzbesuchen eine Kerze oder einen Bildband mitgenommen, so ist es heute ein Korb mit Lebensmitteln. Und sei es nur als kleiner Beitrag zur Bewirtung aller, die da kommen mögen.

Der Tod ist nicht das Ende. Ich glaube an das ewige Leben. Lebensmittel sind Zeichen dafür.

Herzschrittmacherinnen und Herzschrittmacher

SELBSTGEMACHTE MARMELADE

Immer wieder werde ich gefragt, welche Ziele die Caritas für die kommenden Jahre habe. Meine Antwort: Wir möchten weiterhin die „drittbeste" Caritas in unserem Land sein. Auf die erstaunte Reaktion, warum wir nicht die „erstbeste" sein wollen und wer diese sei, erzähle ich von einem Interview, das eine Journalistin mit dem bekanntesten Marmeladenproduzenten in Österreich geführt hatte. Auf die Frage, wer die beste Marmelade im Lande mache, antwortete er überzeugend mit: „Natürlich die Hausfrauen. Die selbst eingekochte ist immer noch die beste." Dasselbe gilt für die Caritas. Die hervorragende Caritas ist in den unzähligen Häusern und Wohnungen zu finden. Die Sorge um die Kinder, Partner, zu betreuenden und pflegenden Angehörigen steht ganz am Anfang des Hilfsnetzes in unserem Land. Die zweitbeste Kraft der Solidarität finden wir in der Freundes- und Nachbarschaftshilfe. In die drittbeste Solidaritätskraft darf man neben anderen Sozial- und Gesundheitseinrichtungen dann vielleicht auch die Caritas einreihen. Als Caritasdirektor sehe ich es als meine Pflicht, noch mehr als meine Freude, allen solidarischen Kräften in unserem Land aufrichtig zu danken.

FREUND UND HELFER

„Herr Inspektor! Können Sie mir bitte helfen!" Der Polizist, dein „Freund und Helfer"? Auch wenn wir diese Zuschreibung selten hören, so ist sie doch angebracht. Polizisten sind oft ganz nah an den Grenzerfahrungen menschlicher Existenz. Sind Augenzeugen großer Schicksalsschläge und Krisenerfahrungen. Sie werden gerufen zu den Schauplätzen der Gewalt, des Verbrechens, des Unfalls und der Überforderung. Zu ihren wohl schwierigsten Einsätzen gehört es, mit Respekt und Einfühlungsvermögen Todesnachrichten zu überbringen. Auch wenn das Image der Polizisten ein vielfältiges und zwiespältiges ist, vermitteln sie Sicherheit und Schutz. Werden sie unter dem Diktat des Sparstiftes abgezogen, gibt es vielerorts Enttäuschung, Irritation und Widerstand. Ich habe großen Respekt vor ihrer Aufgabe. Das richtige Außenmaß zwischen Abmahnung und Verfolgung, zwischen Nähe und Distanz treffen zu müssen, die Verantwortung für den jeweils nächsten, Weichen stellenden Schritt stell ich mir unbeschreiblich schwierig vor. Heute gilt mein Dank diesen unverzichtbaren Dienern unseres Gemeinwohls.

KOPFREINIGENDE
NAHVERSORGERINNEN

Ich war sehr überrascht. Die Wirtschaftskammer rief mich im Auftrag der Fachgruppe „Friseure" an und bat mich um einen Vortrag vor 300 Friseurinnen. Die Nachfrage meinerseits nach dem gewünschten Thema erntete ein: „Ganz egal, sie wollen den Caritaschef. Er soll über die Nöte und die Hilfen in unserer Gesellschaft reden. Und Tipps mitbringen, wie Friseure ihren sich anvertrauenden Kundinnen und Kunden helfen können." Zugesagt und getan. Selten habe ich so interessierte und wache Zuhörerinnen erlebt. Warum wohl? Friseurinnen haben den ganzen Tag ihr Ohr an den großen und kleinen Sorgen der Menschen. Sind nicht selten eine „Entsorgungsecke" aufgestauter Wünsche, Sehnsüchte, Enttäuschungen und Zweifel. Ich vermute, dass ihnen am Ende des Arbeitstages nicht nur die Schwere der Beine und Arme, sondern auch das Gewicht des Anvertrauten zu schaffen macht. Mancher Beichtvater, mancher Therapeut würde nach diesem Tagesmarathon der Entgegennahme von Lebens- und Leidgeschichten, manchmal auch der Banalitäten, zusammenbrechen. Friseurinnen sind soziale Nahversorgerinnen. Sie waschen nicht nur den Kopf, sondern sie helfen, diesen auch frei zu machen. Ich sage diesen „Caritas-Kolleginnen" meinen aufrichtigen Dank.

EINE VERKÄUFERIN HÄLT
MIR EINE PREDIGT

Eine Schlange von Menschen vor der Brotabteilung des Einkaufszentrums. Endlich bin ich dran: „Ich brauche einen halben Laib vom Roggenbrot." Die Verkäuferin nimmt den Laib vom Regal und zeichnet mit Ruhe und Bedacht drei Kreuze auf dessen Unterseite und teilt ihn anschließend in der Schneidemaschine. Ich bin sehr berührt. Erinnerung an die Kindheit steigt auf. Damals war es selbstverständlich, das tägliche Brot dankbar und ehrfürchtig zu segnen. Seit vielen Jahren hab ich das weder gesehen, noch selbst gepflogen. „Warum haben Sie das gemacht?" war meine Frage an die Verkäuferin, die sich von den ungeduldigen Blicken nachdrängender Kunden nicht ablenken lässt. „Ganz einfach. Das erste Kreuz dafür, dass ich diesen Teilzeitjob bekommen habe. Wir brauchen diesen Zuverdienst notwendig. Das zweite Kreuz dafür, dass ich in einem Land lebe, wo es genug, manchmal sogar zu viel von diesem Brot gibt. Ja, und das dritte Kreuz dafür, dass ich privilegiert bin, die ‚Königin der Lebensmittel' zu verkaufen."

Woher sie diese wunderschöne Umschreibung des Brotes hatte, wollte ich sie nicht mehr fragen. Ich weiß nur, dass mir diese Verkäuferin die wohl beste Predigt zur „Frucht der Erde und menschlichen

Arbeit" geschenkt hat. Ich sage ihr und allen, die für unser tägliches Brot sorgen, ein aufrichtiges Vergelt's Gott!

AUS EINEM HILFERUF
WIRD EIN CALLCENTER

Es ist eine Geschichte über Freiheit und Liebe. Eine wahre Begebenheit, die ich letzten Sommer im Zentrum von Innsbruck erleben durfte. Wir sammeln für hungernde Menschen in Afrika. Gar nicht wenige Passanten zeigen Interesse, informieren sich und werfen ein paar Euro in die aufgestellte Spendensäule. Auch ein junger Mann, modisch gekleidet und mit einer auffälligen Sonnenbrille, spendet stillschweigend und schlendert mit einer gewissen Lässigkeit weiter. Plötzlich bleibt er stehen und kehrt zurück, zückt sein Mobiltelefon, ziemlich neues Modell, und tippt leidenschaftlich auf dieses ein. „Das sollen meine Freunde auch tun!", so sein Kommentar. Er verschickt unzählige SMS, WhatsApps und postet eine Nachricht mit einem Foto von uns auf seinen Facebook-Account. Der Grund für sein emsiges Tun und spontan aufgezogenes Callcenter: Solidarität. Der freiwillige Entschluss, hungernden Menschen zu helfen, etwas von seinem Wohlstand abzugeben und andere dazu zu animieren: Menschenliebe. Und so pendelt er die nächsten zwei Stunden zwischen dem nahegelegenen Bankomat, wo er die von seinen Freunden virtuell freigegebenen Geldbeträge abhebt, und unserer Spendensäule hin und her. Daneben informiert er sich über unsere Projekte und die Organisation, mischt sich in den Diskurs mit kritischen und ablehnenden Passanten ein und erhebt seine Stimme für die namenlosen Hungrigen dieser Welt. Diese Solidarität aus freien Stücken, dieses Aufnehmen eines Hilferufs, die Nächstenliebe, die keine Grenzen kennt, erfüllt mich mit großer Zuversicht.

OFFENE TÜREN UND
WARME HERDE

Das Jugendzentrum *Space* der Caritas Tirol ist ein Begegnungsort für Jugendliche zwischen 11 und 18 Jahren, egal, welcher kultureller, religiöser oder familiärer Herkunft. Die offene Jugendarbeit bietet den Jugendlichen einen einladenden Raum an, wo sie kommen und gehen dürfen, ohne verurteilt zu werden, ohne Verpflichtungen, außer einem freundlichen „Hallo". Wenn sie etwas brauchen, sind beherzte Betreuerinnen und Betreuer für sie da. Eine Beziehungsarbeit unter dieser Voraussetzung macht es oftmals schwer, die Jugendlichen zu begleiten, die Dankbarkeit zu spüren und die Früchte der Arbeit zu sehen. Durch den Aufruf, sich den positiven Geschichten des Lebens zuzuwenden, nahmen wir die Chance wahr und fragten die Jugendlichen, warum sie dankbar und froh sind, dass es das Jugendzentrum gibt. Ihre Antworten:

… weil im *Space* die besten Zuhörerinnen sind. Sie sind immer hilfsbereit, wenn man sie braucht.

… weil ich Freizeiterlebnisse hatte, die ich sonst nie gemacht hätte, zum Beispiel die Übernachtung in der Wildnis der Innauen.

… weil da die beste „Mama" zur Lehrstellensuche ist.

… weil ich vertraute Gespräche mit Betreuerinnen führen kann … und ich ihnen vertrauen kann.

… weil ich jeden Freitag zum warmen Mittagstisch kommen darf.

… weil hier viel Liebe ist und Freundschaften wachsen können.

Das Caritas-Jugendzentrum *Space* ist ein Ort der Kirche.

Wenn Kirche „offene Türen und warme Herde anbietet", wird sie Dankbarkeit und Anziehungskraft ernten.

Die neuen Werke der Barmherzigkeit von Bischof Wanke

2007 war das Elisabeth-Gedenkjahr, denn vor 800 Jahren wurde diese Heilige in Ungarn geboren. Anlässlich dieses Jubiläums wurden die Werke der Barmherzigkeit neu formuliert und von Joachim Wanke, dem Bischof von Erfurt, bekannt gegeben.

▸ Du gehörst dazu
▸ Ich höre dir zu
▸ Ich rede gut über dich
▸ Ich gehe ein Stück Weg mit dir
▸ Ich teile mit dir
▸ Ich besuche dich
▸ Ich bete für dich

Ich bedanke mich beim Seelsorgeamt der Diözese Innsbruck für den Impuls und die Einladung, mir Gedanken über die „neuen" Werke zu machen.

DU GEHÖRST DAZU

Was unsere Gesellschaft oft kalt und unbarmherzig macht, ist die Tatsache, dass in ihr Menschen an den Rand gedrückt werden: die Arbeitslosen, die Ungeborenen, die psychisch Kranken, die Ausländer usw. Wichtig ist das Signal: „Du bist kein Außenseiter! Du gehörst dazu!", auf welche Weise es auch immer ausgesendet wird.

Ich werde jene Zeit nie vergessen. Als junger Mann zog ich mich aus unterschiedlichsten Gründen nahezu vier Jahre aus der Gemeinschaft, aus dem Dorfleben zurück. Erlebte Einsamkeit in ihrer schmerzlichen, kränkenden, Kraft raubenden Form. Ich hatte Angst vor den Menschen und vor der Lebendigkeit, die tief in mir schlummerte. Ich hatte viel Zeit: Zeit zu lesen (das kommt mir heute noch zugute) und Zeit, Gitarre zu spielen. Glücklich war ich nicht. Ich werde jene Szene nie vergessen, wie der Jugendchorleiter der Pfarre (mit der ich absolut nichts am Hut hatte) mich besuchte. Er hatte von meinem Gitarre-Talent erfahren. Seine Einladung, sein Zutrauen „Ich brauche dich!" brachte die Wende. Von nun an gehörte ich dazu und werde seither nicht müde, diese not-wendige Einladung auszusprechen. Und ich bin zutiefst überzeugt, dass tausende, insbesondere junge Menschen auf diese Einladung (auch der Kirche) sehnsüchtig warten.

Anregung für den Tag

Auf meinen Wegen begegne ich unzähligen Unbekannten.
Still sage ich ihnen: Du gehörst dazu. Und eine oder einer hört es irgendwann laut von mir.

ICH HÖRE DIR ZU

Eine oft gehörte und geäußerte Bitte lautet: „Hab doch einmal etwas Zeit für mich!"; „Ich bin so allein!"; „Niemand hört mir zu!" Die Hektik des modernen Lebens, die Ökonomisierung von Pflege und Sozialleistungen zwingt zu möglichst schnellem und effektivem Handeln. Zeit haben, zuhören können – ein Werk der Barmherzigkeit, paradoxerweise gerade im Zeitalter technisch perfekter, hochmoderner Kommunikation so dringlich wie nie zuvor!

So gehört zu meinen liebsten Weihnachtsgeschichten die folgende: Jedes Jahr ziehe ich am Heiligen Abend mit Bischof Manfred Scheuer durch mehrere Sozialeinrichtungen. Eine Station ist die *Mentlvilla*, eine Notschlafstelle für Drogenkranke. Manfred sitzt unaufdringlich bei Tisch. Ein junger Mann, Mitte zwanzig, gekennzeichnet von unzähligen Verletzungen des Körpers und der Seele, erzählt dem Bischof seine erschütternde Lebens- und Leidensgeschichte. Bischof Manfred schenkt ihm sein Ohr und – man spürt es – sein Herz. „Mensch, kannst du gut zuhören, Pfarrer!", war der Kommentar des sichtlich berührten Mannes. Er holt seine Gitarre und spielt dem „geistlichen Besuch" seinen Lieblingssong: *Knockin' on heaven's door* (an die Himmelstür klopfen). Bischof Manfred stimmt lautstark und begeistert mit ein. Es sei sein Lieblingslied gewesen, als er noch jung war, bemerkt er.

Zuhören erschließt Menschenherzen und Himmelstüren. Und es muss nicht erst Weihnachten werden, dies zu erfahren und zu üben.

Anregung für den Tag

Zuhören, ohne Kommentare wie: „Das kenne ich, das habe ich auch schon erlebt."
Nicht meine Meinung, mein Ohr, mein Herz ist gefragt.

ICH REDE GUT ÜBER DICH

Jeder hat das schon selbst erfahren: In einem Gespräch, einer Sitzung, einer Besprechung – da gibt es Leute, die zunächst einmal das Gute und Positive am anderen, an einem Sachverhalt, an einer Herausforderung sehen. Natürlich: Mitunter muss man auch den Finger auf Wunden legen, Kritik üben und Widerstand anmelden. Doch was heute oft fehlt, ist die Hochschätzung des anderen, ein grundsätzliches Wohlwollen für ihn und seine Anliegen und die Achtung seiner Personenwürde. Gut über den anderen reden …

Dem alten Werk der Barmherzigkeit „Ich war nackt, und ihr habt mich bekleidet" einen aktuellen Bezug zu geben, ist gar nicht so einfach. Zumindest in unseren Breiten scheinen alle Menschen ausreichend bekleidet zu sein. Aber nicht selten wird ihnen das Kleid der Würde vom Leib gerissen – auf den Schauplätzen des Dorftratsches, der betrieblichen Mobbing-Ecke, in den Spalten des sensationslüsternen Tagblattes. Da wird nicht nur das „Maul" zerrissen, sondern auch der letzte Fetzen Achtung vor einem Menschen. Unsere fehlersüchtige Gesellschaft sucht geradezu leidenschaftlich nach dem Schlechten und Unzureichenden; baut ihre Selbstgefälligkeit auf den

Trümmern der vorher verbal und manchmal real Vernichteten auf.

Ich wurde heuer am Aschermittwoch von einem ORF-Journalisten gefragt, welchen Fastenvorsatz ich hätte. Meine Antwort: „Ich verzichte auf das Weitersagen von schlechtmachenden Gerüchten und Geschichten." „Erstaunlich", seine Antwort. Weniger erstaunlich, dass ich es nicht ganz geschafft habe. Es ist eine harte Übung, nur gut über andere zu reden.

Anregung für den Tag

In den nächsten Tagen verbreite ich Gerüchte der besonderen Art.
Ich lobe Nichtanwesende über den grünen Klee.

ICH GEHE EIN STÜCK WEG MIT DIR

Vielen ist mit einem guten Rat allein nicht geholfen. Es bedarf in der komplizierten Welt von heute oft einer Anfangshilfe, gleichsam eines Mitgehens der ersten Schritte, bis der andere Mut und Kraft hat, allein weiterzugehen. Das Signal dieses Werkes der Barmherzigkeit lautet: „Du schaffst das! Komm, ich helfe dir beim Start!" Unsere Sozialarbeiterinnen und Sozialarbeiter in der Caritas wissen, wovon ich rede. Es geht nicht allein um soziale Hilfestellung. Es geht auch um jene Menschen, die uns nach Antworten für ihr Leben fragen und nun Personen suchen, die ihnen Rede und Antwort stehen und ein Stück des möglichen Glaubensweges mitgehen.

Es ist schon erstaunlich. Niemand hat dazu aufgerufen. Niemand hat es angeschafft. Ein Trend ist es erst im „Laufe" der Zeit geworden. Abertausende Menschen machen sich auf den Weg. Auf alten Pilgerwegen nach Santiago, Rom, Assisi begegnen sie sich und einander, entdecken den hohen und vergessenen Wert der Gastfreundschaft und des Weggefährten. Wenn nichts mehr geht, dann geh! Eine alte Weisheit. Für viele ist das „Sich-auf-den-Weg-Machen" nicht mehr möglich. Krankheit, Mutlosigkeit und Schwächung hindern sie daran. Sie brauchen Menschen,

die sie suchen, auf sie zugehen. Die „nachgehende"
Sozial- und Pastoralarbeit erlebt derzeit eine Renaissance. Die ehrenamtlichen Mitarbeiterinnen und
Mitarbeiter der Hospiz-Bewegung sind ein gelunge-
nes und Hoffnung machendes Beispiel dafür. Gerade
auf schweren, schmerzhaften und letzten Wegen ist es
tröstlich, nicht allein zu sein. Den letzten Schritt muss
jede und jeder allein tun. Aber bis dorthin tut es not
und gut, wenn jemand zumindest ein Stück mitgeht.
Noch einmal zurück ins Leben und zaghaft vorwärts
ins Neue. Gegen die emotionale Pest der Einsamkeit,
die unsere scheinbar entwickelte Welt derzeit erleidet,
gibt es nur ein Mittel: ein bewegtes Du und Wir.

Anregung für den Tag

Heute will ich kein „Wegweiser" sein, sondern einer,
der anruft und fragt, ob er kommen, sich auf den Weg
machen darf.

ICH TEILE MIT DIR

Es wird auch in Zukunft keine vollkommene Gerechtigkeit auf Erden geben. Es braucht Hilfe für jene, die sich selbst nicht helfen können. Das Teilen von Geld und Gaben, von Möglichkeiten und Chancen wird in einer Welt noch so perfekter Fürsorge notwendig bleiben. Und so gewinnt die alte Spruchweisheit gerade angesichts wachsender gesellschaftlicher Anonymität neues Gewicht: „Geteiltes Leid ist halbes Leid, geteilte Freude ist doppelte Freude!"

Es ist alles gut organisiert. Die Familie hält zusammen. Jede und jeder ist bereit, Zeit und Kraft für die pflegebedürftige Mama aufzubringen. Ganz selbstverständlich. Hat sie doch zeitlebens ihre Zeit mit viel Liebe und Fürsorge auf alle aufgeteilt. Nun liegt sie schon seit Monaten sterbenskrank im Bett. Niemand weiß, wie lange es noch dauern wird. Und niemand kann seine beruflichen Verpflichtungen vernachlässigen. Die Mitarbeiterinnen und Mitarbeiter des mobilen Pflegedienstes, des pfarrlich organisierten Besuchsdienstes und der Hospizgruppe sind regelmäßig da. Das Räderwerk der Hilfe greift gut ineinander. Nur eine Stunde am Tag ist nicht abgedeckt. Jene zwischen 8 und 9 Uhr in der Früh. Zur selben Zeit liest der Pensionist in der Nachbarschaft tagtäglich seine Tageszeitung. Seite für Seite. Eine Stunde lang. Man weiß es und klopft an und bittet. Ob er sich vorstellen könne, diese Stunde mit der in der Regel schlafenden, kranken Nachbarin zu teilen. Er sagt ja. Entlastendes Aufatmen. Die geschenkte, geteilte Zeit wird zum Geschenk für alle. Nach dem Ableben der Frau spricht er es aus: Sie fehle ihm, auch die geteilte Zeit mir ihr fehle ihm. Sie hätten über Gott und die Welt geredet und viel gelacht. Die Zeitspender sind neben den Geldspendern der größte Schatz der Caritas. Vergelt's Gott!

Anregung für den Tag

Den Euro-Wert einer Arbeitsstunde im Monat spendieren.
Eine Freizeitstunde pro Monat dem schenken, der es einfach braucht.

ICH BESUCHE DICH

Meine Erfahrung ist: Den anderen in seinem Zuhause aufzusuchen ist besser, als darauf zu warten, dass er zu mir kommt. Der Besuch schafft Gemeinschaft. Er holt den anderen dort ab, wo er sich sicher und stark fühlt. Die Besuchskultur in unseren Pfarrgemeinden und Gemeinden ist sehr kostbar. Lassen wir sie nicht abreißen! Gehen wir auch auf jene zu, die (scheinbar) nicht zu uns gehören. Sie gehören Gott. Das sollte uns genügen.

Kirche ist keine stationäre Einrichtung, sie ist Großfamilie. Besuche schaffen Gemeinschaft und Verbindlichkeit. Besuche sind Medizin gegen die Einsamkeit und nicht selten ein Versöhnungsakt. Wer besucht, verlässt sicheren Boden. Besuche erfordern Behutsamkeit, Zurückhaltung und den Mut zum Dienen. Eine meiner Lieblingsszenen aus dem Alten Testament ist jene, in der Moses vor den brennenden Dornbusch tritt. Der brennende Dornbusch ist für mich durchaus ein Bild für den leidgeprüften Menschen, der manchmal vor Schmerz, Angst und Enttäuschung die Dornen ausfährt. Aus diesem Dornbusch spricht Gott (wie aus allen Armen und Leidgeprüften … siehe Mt 25): „Moses, du betrittst heiligen Boden. Zieh deine Schuhe aus!" Eine Aufforderung, mit ganz großer Achtsamkeit und behutsamem Einfühlungs-vermögen in die Räume der Not zu gehen. Letztend-lich stehen wir wie Moses neben den Schuhen. Und nur so können wir die Mithilfe Gottes, ohne die es nie geht, schätzen und annehmen lernen. Gott ist immer schon vor uns da. Besuchsdienst ist Gottesdienst. Wir, die wir besuchen, werden somit ein mitliebender Teil dessen, von dem man sprach als jenem, der „da ist, immer schon da war und immer da sein wird". Eine Kirche, die von Krisen heimgesucht wird, muss von Neuem suchen und besuchen lernen.

Anregung für den Tag

Beim nächsten Besuch ziehe ich meine „Schuhe" der vorgefertigten Meinungen aus und trete barfüßig herzlich ein.

ICH BETE FÜR DICH

Wer für andere betet, schaut auf sie mit anderen Augen. Er begegnet ihnen anders. Auch Nichtchristen sind dankbar, wenn für sie gebetet wird. Ein Ort in der Stadt, im Dorf, wo regelmäßig und stellvertretend für alle Bewohner gebetet wird, für Lebende und Tote – das ist ein Segen. Sag es als Mutter, als Vater deinem Kind: Ich bete für dich! Tun wir es füreinander gerade dort, wo es Spannungen gibt, wo Beziehungen brüchig werden, wo Worte nichts mehr ausrichten. Gottes Barmherzigkeit ist größer als unsere Ratlosigkeit und Trauer.

Ich gebe es zu. Ich bin und war kein großer Beter. Greife aber immer öfter zu diesem Haltegriff in meinem Leben. Inmitten meiner Ratlosigkeit, meiner Konflikte, Hilflosigkeit suche ich den besonderen Ort, die besondere Zeit, um mein Klagen, meine Fürbitte (ich bete und bitte am liebsten für andere), aber auch meinen Dank vorzutragen. Eine angezündete Kerze lässt dieses Warmherzigkeitersuchen weiterbrennen, auch wenn mich der Lärm, die Ablenkung und Herausforderungen schon wieder fest im Griff haben. Zu den schönsten Geschenken, die ich als Caritasdirektor erfahren habe, gehörten Anrufe von alten, ans Pflegebett gefesselten Menschen, die mich rund um große Not und Katastrophen kontaktierten und mir klagten, dass sie uns nicht handgreiflich oder finanziell helfen könnten, aber zumindest für uns und unsere Anliegen beten würden. Menschen, die mich auch fragten, ob ich glaube, dass dies helfe. Nach einigen Jahren und mehrerer solcher Angebote bin ich überzeugt: Es hilft. Sehr sogar. Nicht alles, was misslingt, ist unsere Schuld. Das meiste, was uns gelingt, nicht unser Verdienst. Es ist Geschenk. Oft getragen und uns zugefallen von einem unbeschreiblichen und nicht fassbaren „guten Geist". Die stillen Beterinnen und Beter sind Schlüsselkräfte der Kirche und Caritas. Gott und ihnen sei Dank.

Anregung für den Tag
....

Seit Jahren besteht mein Nachtgebet aus fünf Buchstaben: „DANKE!"
Diese Übung möchte ich beibehalten.

Bethlehem und Barmherzigkeit

UND DAS WORT IST
MENSCH GEWORDEN

Unsere Zeit ist geprägt von Konflikten, Polarisierung, Konfrontationen. Gerade die Auseinandersetzungen rund um Wahlkämpfe zeichnen uns ein Bild der Unerbittlichkeit, Kälte, unbarmherzigen Ausgrenzung. Es ist kälter geworden in unserem Land – wir drohen – wie es der *Club of Rome* schon in den Sechzigerjahren des vorigen Jahrhunderts bedrohlich prophezeit hat, einem „Kältetod des Gefühls" entgegenzusteuern. Bilder der Gewalt, Beleidigung überdecken notwendige und ersehnte Bilder der Zuwendung, Toleranz, des Vergebens, Verzeihens und Solidarität. Vielleicht können Bilder aus der Weihnachtskrippe uns helfen, zu Sinnen, neuen Haltungen und Handlungsweisen zu kommen:

Herbergsuche

Die Figuren der kaltschnäuzigen Abweisung erfahren stete Aktualität – und nicht nur im Zusammenhang mit asylsuchenden und durchgeschleppten Flüchtlingen. Ein bedrohlicher Riss zieht sich durch unsere harmonieverwöhnte Gesellschaft. Zu schnell sprechen wir anders Denkenden, Gläubigen, Wählenden und denjenigen mit anderer Herkunft jegliches Gute ab, fühlen uns wohlstandsbedroht, beengt, unselig

herausgefordert, zeigen die kalte Schulter der Unwirt-
lichkeit, verweigern Herberge, Gastfreundschaft.

Maria – eine Revolutionärin

Die kaltschnäuzige Abweisung trifft vor allem die
werdende Mutter, asylsuchende Frau: Maria. Ihre
Bitte um Einlass wird abgewiesen. Damals wie heute. Engstirnige „Nachfolger" verwehren nach wie vor
einlassbegehrenden Frauen den Zutritt zu privile-
gierten Räumen der christlichen Gemeinschaft. Verdrängen, dass eine Frau Jesus auf die Welt gebracht
hat, Frauen als Erste die Verkündigung von der Auferstehung verbreitet haben. Warum nur? Hat sich die
junge Frau damals den Mund zu voll genommen, als
sie das revolutionäre Lied anstimmte?

„Er stürzt die Mächtigen vom Thron und erhöht
die Niedrigen … und lässt die Reichen leer ausgehen."

Josef – der ganz andere starke Mann

Ein Mann der Diskretion, Zurückhaltung. Er steht
nicht im Rampenlicht. Ist aber präsent, gibt Sicherheit, Schutz. Fürsorglich, steht zu seiner Familie,
macht sich nicht aus dem Staub trotz aller Unsicher-
heiten und Zweifel, traut seinen Träumen (Visionen)
und Gott. Ist schnell entschlossen und beherzt, den
notwendigen Schritt zu tun, auch wenn dieser in die
Flucht, Emigration führt. Ein gewaltloser, gütiger,

verständnisvoller Mann. Ein Vorbild: für seinen Sohn und uns.

Engel sind Angstvertreiber

Angst – Urgrund allen Leids, aller Gewalt und Ausgrenzung. Machtversessene Bengel der Weltgeschichte geben vor, für den „kleinen Mann" da zu sein.

Sie schüren Angst, schaffen Feindbilder, versprechen Heilswelten, die sich über kurz oder lang in Unheil verwandeln. Engel, Brückenbauer zwischen den Welten, vertreiben die Angst, sind nimmermüde Hoffnungsträger und Hoffnungsgeber, Verkünder des „Fürchtet euch nicht!" Friede – allen Menschen guten Willens!

Hirten machen sich auf den Weg

Die Nacht ist dunkel, Orientierung fällt schwer, das Ziel unbekannt. Wer sich auf den Weg machen will, tue es nicht allein. Gott beruft keine Einzelnen, speziell Auserwählten, sondern alle Menschen, auf unterschiedlichen Wegen, mit vielfältigen Gaben, Einstellungen (Religionsbekenntnissen) und Talenten. Und wer vom Weg abkommt, verdient Rücksicht, Vergebung, liebevolle Einbindung. Vor der Krippe treffen sich nur die W(B)armherzigen, sonst wäre Gott gleich am Anfang seiner Menschwerdung vom Erfrieren bedroht gewesen.

Weise Könige gehen in die Knie

Von unseren „Königen", Machthabern sind wir anderes gewohnt. Sie zwingen in die Knie, schauen und handeln gerne über die Köpfe der Menschen hinweg. Ihnen geht kein Stern auf; sie verharren oft in der Dunkelheit der Auseinandersetzungen, in der Kälte festgefahrener Positionen. Sie machen sich nicht mit anderen, auch Andersfarbigen auf den Weg. Langmütig-hoffnungsvolle Weise haben eine Vision, suchen Erlösung. Sie finden ein Kind – und gehen vor diesem in die Knie. „Willst du ins Angesicht Gottes schauen, wirst du dich wohl bücken müssen."

Esel haben Eigenschaften

Esel – Wegbegleiter Jesu. In Bethlehem, auf der Flucht nach Ägypten, beim Einzug in Jerusalem. Jesus wird in Frühzeiten als Esel am Kreuz dargestellt. Neben dem Spott, den der Esel immer wieder auf sich zieht, sollen uns eher seine Eigenschaften ansprechen:

Treue, Geduld, Ausdauer, Vorsicht, Eigensinn, Kraft. Und dann die großen Ohren: Ganz Ohr zu sein für das, was in der Welt vorgeht, vor allem für die Not der Armen und Ausgegrenzten. Jesus machte sich zum Esel, zum Lastenträger für die Angst und das Leid in aller Welt und lädt uns ein, dasselbe zu tun.

Fürchtet euch nicht –
ich verkünde euch eine große Freude

Keine einfache Geschichte, in die uns Gott immer wieder verwickelt. Seine „Einmischung" in die Welt der Armen und Ausgegrenzten, seine stete Provokation, von der wir uns durch vorweihnachtliche Geschäftigkeit abzulenken versuchen, schreibt aber nimmermüde Liebesgeschichten durch und mit Menschen guten Willens.

GEHT UNS EIN STERN AUF?

Sternstunden. Stunden und Zeiten des Um- und Aufbruchs, der Bedrohung und Chance, der Irritation und Neuorientierung, der ungeahnten Zuwendung. Bethlehem war so eine Sternstunde. Ein Kind kommt zur Welt, tritt ein in die Schöpfungsgeschichte, in die Liebesgeschichte Gottes mit dieser Welt. Gott kommt als hilfsbedürftiger Säugling, der zugrunde gehen würde, gäbe es nicht Menschen, die sich seiner annehmen. Es war nicht unbedingt ein Wunschkind; mehr oder weniger in den Schoß gefallen. Trotzdem bald angenommen und in Freude erwartet. Letztendlich unter dramatischen Umständen und in elendiger Umgebung geboren. Im Nachhinein betrachtet ein großartiger Solidaritätsakt mit Millionen Familien, die bis auf den heutigen Tag ihre Kinder unter großen Bedrohungen und Entbehrungen zur Welt bringen, durchbringen und zudem noch ihre Heimat flüchtend verlassen müssen. Die Geschichte von der Geburt Jesu ist keine kitschige, romantische, rührselige. Sie ist herb, voll sozialer Not, Gewalt, Ausgrenzung, tödlicher Bedrohung und Vertreibung. Eltern wie Kind waren aber nicht verlassen. Weder von guten Geistern, noch von hilfsbereiten, einfachen Leuten, wie visionären, großzügigen Weisen. Weihnachten ist die Geburtsstunde, ja die Sternstunde der Caritas. Gott will das Wohl aller Menschen. Sie sind sein Ebenbild, quasi aus dem gleichen Holz geschnitzt. Unser aller Aufgabe ist es, diese alles verbindende Wurzel zu pflegen. Nicht durch entzückte Betrachtung, sondern durch konkretes Tun und Handeln. Gott braucht uns. Hier und weltweit. Wird Hilfe verweigert, vorenthalten, leidet nicht nur das „Göttliche", sondern auch das typisch Menschliche. Wir haben weder Gold, Weihrauch, Myrrhe. Brot, Liebe, Kompetenz und Phantasie, immer wieder, wenn uns ein Licht aufgeht.

Gedanken zum Schluss

ICH FÜRCHTE MICH VOR DER MENSCHEN WORT

Die Verrohung der Sprache, der Tonfall der Verachtung, die schlechte Nachrede, die bad-news-süchtige Schlagzeile, die gedankenlosen Schlagwörter und der verbale Angriff – sie bestimmen unsere meist unhinterfragte Meinungsbildung. Menschenverachtende Strukturen beginnen meist im Kopf und finden ihren Ausdruck in Worten. Aus Befremdlichen werden Fremdartige, Andersartige, Abartige. Flüchtlinge werden pauschal als Terroristen und potentielle Vergewaltiger verdächtigt. Sozialhilfe- bzw. Mindestsicherungsempfangende als Schmarotzer tituliert. Den neidvollen Maulhelden sei es ins Stammbuch geschrieben, dass wir alle früher oder später zu Empfangenden der Errungenschaften des Sozialstaates werden.

„Ich war nackt, und ihr habt mich bekleidet." Eine Absage an den Dorftratsch, die Gerüchtebörse und das wiederholte Aufstellen des Prangers für Menschen, die Verfehlungen begangen haben. Sie werden sensationsgierig dem öffentlichen Hohn und der Verurteilung ausgesetzt, längst bevor Gerichte darüber befunden haben. Und das alles noch mit dem süffisanten Nachsatz: Es gilt die Unschuldsvermutung. Wer gibt den Opfern – selbst, wenn sie Täter waren – das Kleid der Würde zurück?

„Auf Grund deiner Worte wirst du freigesprochen oder verurteilt werden." Eine starke Ansage, nachzulesen im Matthäus-Evangelium (12,37). Haben Worte wirklich so viel Gewicht? Zweifellos. Worte können verletzen, verleumden, entwürdigen, unterdrücken, verachten, verdrängen, verurteilen und sogar töten. Worte können lebendig machen, trösten, heilen, aufrichten, entschuldigen, befreien, ermutigen, Liebe schenken und das Geliebtsein erfahrbar machen. Schlechte Worte befördern das Böse. Gute Worte locken das Gute im Menschen hervor.

Wie hat es der junge Rilke umschrieben: „Ich fürchte mich so vor der Menschen Wort. … Hier ist Beginn, Ende ist dort. Mich bangt auch ihr Sinn, ihr Spiel mit dem Spott. Keins … ist ihnen mehr wunderbar." Das ist ein Aufruf zu mehr Achtsamkeit, zur Abrüstung der Worte – eine Einladung zu einem neuen Umgangston. Es geht um das Wieder-gut-Machen dieser Welt: in Gedanken, Worten und beherzten Werken – nicht zufällig der Linie des Kreuzzeichens folgend.

ICH BIN SCHULDIG GEWORDEN UND IHR HABT MIR VERZIEHEN

Vor vielen Jahren gab ich Religionsunterricht und bin nach wie vor ein Fan dieses Schutz- und Entfaltungsraums in der verzweckten Bildungslandschaft. Mit staunendem Blick über die Schulter des Lehrers Jesus entdeckte ich seine Vorliebe für Gleichnisse. Mein Lehrer Reinhold Stecher lieferte mir den zusätzlichen Handwerkskoffer. Um meinen Schülerinnen und Schülern die Tragweite des unverantwortlichen Umgangs mit der Schöpfung begreiflich zu machen, griff ich einmal zu einem krassen Mittel. Ich bat sie, wunderbare Bilder von Mensch und Natur zu zeichnen und zu malen. Freudig überreichten sie mir ihre Kunstwerke und mussten schockiert und fassungslos miterleben, wie ich sie vor ihren Augen zerriss. Warum? „So geht es Gott jeden Tag." Er gestaltet mit unbeschreiblicher Liebe eine bunte Vielfalt des Lebens. Er sät nimmermüde den Samen der Zuwendung. Was tut der Mensch? Er zerstört und zertrampelt. Wie reagiert Gott? Beleidigt, zornig, gewalttätig? Nein! Er weiß um das Teuflische, Verwirrende, Eifersüchtige und Zerstörerische, aber er weiß, weil er es selbst ist, um die Frucht bringende Kraft des Guten und der Liebe. Und weil Liebe die Zwillingsschwester Freiheit braucht, gesteht er diese riskant den Menschen zu. Eine Freiheit, die sich sogar gegen ihn und seine Schöpfung richten kann. Aber: Das fruchtlose Unkraut hat keine Zukunft. Gott vergibt und kittet, was zerstört und zerrissen ist. Mit großer Freude haben wir damals die zerrissenen Bilder geklebt und zu einem wunderbaren Puzzle zusammengefügt.

Versöhnung und Vergebung können Schauplatz großer Barmherzigkeit sein. Die Verweigerung und Ablehnung des Friedensschlusses sind nicht selten unbarmherzig.

Martin Luther formulierte es so: Am Ende unseres Lebens gibt es nur mehr zwei Fragen zu beantworten: „Wem muss ich verzeihen? Wen muss ich um Verzeihung, Vergebung bitten?"

Dies ist nicht immer möglich und dadurch sehr schmerzhaft. Nicht immer heilt die Zeit die Wunden. Enden unser Alltag und unser Leben unbarmherzig, bleibt uns nur mehr die Hoffnung, dass uns eine liebevolle, warmherzige, versöhnende und alles verbindende Kraft erwartet und umarmt.

WOVON LEBT DER MENSCH?

In Solschenizyns Roman „Krebsstation" wird die Frage gestellt: „Wovon leben die Menschen?" Die Antworten: von der Versorgung, vom Arbeitslohn, von Luft, Wasser, Essen; von der Qualifikation, von der Heimat, von der Ideologie und gesellschaftlichen Interessen. Immer wieder wird nachgefragt. Am Ende kommt die Antwort, dass man es sich kaum zu sagen wage, es klinge fast unanständig … der Mensch lebe von der Liebe. Sinn unseres Lebens? Geliebt zu werden und vor allem lieben zu dürfen. Aus der Passivität des Empfangens in die Aktivität des Gebens zu gelangen, sich gebraucht, wert- und liebevoll erfahren zu dürfen. War es diese Kraft, die den Samariter zum Barmherzigen machte? Neben der eigenen Erfahrung der Ausgrenzung war es unter Umständen der Blick des Opfers, welcher ihn anhalten ließ. Der Notruf „Ist da jemand?", das sich Anvertrauen und Zutrauen „Du bist es!" setzte Kräfte frei, unterbrach das getriebene Leben und berührte das Innerste, das Herz und beförderte die Liebe. Sein beherztes Tun verändert die Geschichte. Er wird zum Vorbild und involviert andere. Wirte werden zu Krankenpflegern und erhalten Lohn dafür. Die Geburtsstunde der organisierten Caritas und des Hospizes. Engagiertes Leben verlangt Einsatz. Bedroht von den Metastasen einer krankmachenden Umwelt, wachsender Individualisierung, Verunsicherung, Überforderung, Angst, Neid, Gier, Reizüberflutung, heimgesucht von ökonomischen, sozialen und ökologischen Katastrophen, alleingelassen von selbstverliebten Verantwortungsträgern und Verantwortungsverweigerern – wovon werden die Menschen leben? Unanständig gesagt: von der Liebe. Von achtsamen, mutigen und warmherzigen Mitmenschen, die an einer Kulturlandschaft arbeiten, die Armen, Kranken, Alten, Sterbenden, Gehinderten, Fremden, Sehnsüchtigen, Unerwünschten und Sinnsuchenden Schutz-, Lebens-, Entfaltungs- und Gestaltungsraum bietet. Menschen, die ihre Herzkammer öffnen für den Sozial- und Begegnungsraum. Es gibt sie, gab sie schon immer und wird sie immer mehr geben. Wir sind eine Gesellschaft mit zugesagter Hoffnung. Die Tore sind offen.

Unser Herz mache den ersten Schritt!

Der Autor

Georg Schärmer, geboren 1956. Der gelernte Pädagoge war viele Jahre Mitarbeiter und Leiter mehrerer Sozial- und Bildungseinrichtungen. Seit 1998 ist er Direktor der Caritas der Diözese Innsbruck. Die Tageszeitung „Die Presse" betitelte ihn anlässlich der Nominierung zum Österreicher des Jahres als „dankbaren Unruhestifter".